黃盛雄著

唐人絕句研究

文史哲學集成

文史哲出版社印行

唐人絕句研究 / 黃盛雄著. -- 初版 -- 臺北市：
文史哲, 民 105.01 印刷
頁; 21 公分 (文史哲學集成;32)
ISBN 978-957-547-235-1（平裝）

文史哲學集成 32

唐人絕句研究

著　者：黃　盛　雄
出版者：文　史　哲　出　版　社
http:// www.lapen.com.tw
e-mail：lapen@ms74.hinet.net
登記證字號：行政院新聞局版臺業字五三三七號
發行人：彭　正　雄
發行所：文　史　哲　出　版　社
印刷者：文　史　哲　出　版　社
臺北市羅斯福路一段七十二巷四號
郵政劃撥帳號：一六一八〇一七五
電話886-2-23511028・傳真886-2-23965656
實價新臺幣二四〇元
一九九七年（民六十八）七月初版
二〇一六年（民一〇五）一月（BOD）初刷

ISBN 978-957-547-235-1 00032

序　言

唐詩於中國文學史上之評價極高，而絕句尤甚。試觀千餘年來，全國各處，各類人士，均心醉於其中，即可知其影響力之雄渾。至今日，儘管文體屢經更迭，然如「床前明月光」「千山鳥飛絕」「朝辭白帝彩雲間」「秦時明月漢時關」「清明時節雨紛紛」諸絕句，依然播諸人口。然則此種詩體之值得探討，自不待言。

昔人研討者不爲不多，連篇累牘之詩話，即其成績。然多出於片斷之評賞，通盤之探究甚少。吾人詠誦時，每產生若干疑問，即：一、唐人絕句由何而來？發展如何？名家爲何？二、其體制如何？內涵如何？具何種性質？三、其與音樂之關係如何？四、唐人如何成此精妙作品？而此類問題僅得片面之解決，不求其相互關連，則認識必不全，必不深。而其風靡古今之因，承先啓後之迹必不明，其價值則不能顯現。故全盤之探討，實有必要。

本文即秉此而作，計分六章。

第一章論起源，旨在解決「由何而來」。

絕句分五言、六言、七言三種，然六言僅爲詩人佇興之作，其質與量，均不足與五、七言鼎足，姑舍之，僅論五、七言。

論絕句之起源者均謂五言出漢魏，七言始齊梁，此但見其表面而已，於其內質則未探究。故本章分體制及內涵言之，述明其體制雖源於漢魏六朝樂府，而以其精神言之，則五絕出於五古，七絕源於歌行。

絕律孰先孰後，時有爭論，乃就絕律發展史考之，並辯明聲律及對偶之疑似者，斷定絕先於律。

第二章論本質，旨在解決「具何種性質」。愛唐人絕句者，每不知所以然。其移人於不覺者，即在抒情寫志。吾人胸中激蕩之情，若無由表達，詩人先得我心之所同然，絕句復以平實之言語寫幽渺之情，柔婉爲骨，雅正爲宗，境界高而神韻遠，以故人人愛好。即此，亦可見絕句與他種詩體藝術手法及價值之同異。

第三章述題材，旨在解決「內涵如何」。邊塞、宮闈、別離、感懷、自然、詠物與時令、旅遊、贈答、懷古、樂府題等，爲唐絕十大題材。然此所以言其大略，非盡括各種題材。且一首詩之題材分類，本非完全客觀，成分亦或複雜，分此十類，乃在便於敍述而已。

第四章論作法，旨在解決「如何成篇」。計分鍊字、鍊句、謀篇、用事、鍊意五項言之。昔人論作法甚多，率爲片斷。今綜合組織，加以條貫，附以實例，每項必先明琢鍊之原則，後論琢鍊之方法，務期簡明達用。

論詩者每非薄於言法，以爲詩乃不經意得之，或以興起，或以韻起，羚羊掛角，無跡可尋。其實細繹唐人詩，均有法存。且其法細密，每垂則後世，杜甫詩其最著者也。而探究其法，則於古人經營甘苦，明白透澈，景仰之心更重，欣賞作品自必益加深刻。尤以今日爲學，首重分析，吾人實不可迂。

第五章述聲律，旨在解決「與音樂之關係」。分平仄、押韻二部分言之。

平仄之關涉在句與章。句有句法，計五言四式、七言四式。造句有法，如忌孤平、需入律、節奏點需有抑揚等。不合於律者謂之拗，拗則需救，俗有「一三五不論，二四六分明」之語，即用於討論拗句者。然此語並非完全妥當及全備，本章即提出討論，並加補充，且論拗救之法。章有章法，五言四式，七言四式，以「粘對」之法組合，本章備其圖譜。

押韻爲絕句一大要素，而其原則亦需謹守，故條列用韻之依據、用平聲韻之理由、用韻不重複、不得出韻、寬窄韻之抉擇、首句借韻等，種種情況以明之。

沈約「八病」說，即在討論詩中平仄與押韻之禁忌者，雖持論較苛，然影響近體詩甚大，故述其內容及影響。

聲律與自齊梁，至唐而大盛，近體詩均須守其約束。後人有鄙薄之，以爲戕賊性靈。然聲律之功自不可沒，否則，近體詩之生命必不充實。且唐人亦不泥於聲律，拗救、借韻即爲通俗之例。本章即依此論其得失。

第六章論流變，旨在述明「發展」與「名家」。爲便於敘述，依高棅唐詩品彙之法，分初、盛、中、晚四唐。爲清晰計，以西元標其年代，論各期詩風。並繫以名家，述其生平及風格，以明風氣推動之原動力，乃在名詩人。

然此章討論之範圍限於絕句，各期詩風與絕句無涉者，如初唐之復古思潮，盛中唐之社會詩運動，概不論例。唐詩名家，其長不在絕句者，如陳子昂、杜甫、韓愈、李賀等，亦不述及。

唐人絕句經三百年之發展，遞變之迹，甚爲明顯。至於宋人，其作風截然不同，獨具面目，然其源出於唐人，個裏原因，以遞變軌跡求之卽得。

綜六章而言，唐人絕句縱之流變，橫之剖析，均於是乎在。通盤研究之標的庶幾可及，而其風靡古今之所以然可探知也。

唐人絶句研究　目次

第二章 本質

第一章　起　源

第一節　以體製言

一、五言——始於漢魏

㈠句數相同

徐師曾「文體明辨」曰：「五言絕句始自漢魏樂府……唐人始穩順聲勢，定爲絕句。」說最精確。

觀徐陵「玉臺新詠」錄古絕句四首，俱爲漢製：

藁砧今何在，山上復有山。何當大刀頭，破鏡飛上天。

日暮秋雲陰，江水清且深。何用通音信，蓮花瑇瑁簪。

菟絲從長風，根莖無斷絕。無情尙不離，有情安可別。

南山一樹桂，上有雙鴛鴦。千年長交頸，歡愛不相忘。

四首均爲五言四句，且冠以「絕句」之名，以此爲絕句始祖，較爲確切而具體。

㈡聲韻逐漸契合

迨及六朝，此種短詩勃興，卽以「玉臺新詠」所錄卽達百餘首，且其體製與盛唐五言絕句逐步相類。如晉孫綽情人碧玉歌、王獻之情人桃葉歌、齊謝朓玉階怨、梁簡文帝夜夜曲、梁范雲別詩、陳何遜相送諸作皆是。

情人碧玉歌　孫綽

碧玉破瓜時，相爲情顚倒。感郎不知羞，迴身就郎抱。

情人桃葉歌　王獻之

桃葉復桃葉，渡江不用楫。但渡無所苦，我自來迎接。

玉階怨　謝　朓

夕殿下珠簾，流螢飛復息。長夜縫羅衣，思君此何極。

夜夜曲　簡文帝

愁人夜獨傷，滅燭臥蘭房。祇恐多情月，旋來照妾牀。

別詩　范　雲

洛陽城東西，長作經時別。昔去雪如花，今來花如雪。

相送　何　遜

客心已百念，孤遊重千里。江暗雨欲來，浪白風吹起。

然量多質精當推風行於六朝之民謠——吳聲歌曲、梁鼓角橫吹曲、西曲歌舞曲。其中以吳聲之子夜歌爲最。

子夜歌（吳聲歌曲）

擥枕北窗臥，郎來就儂嬉。小嬉多唐突，相憐能幾時？
前絲斷纏綿，意欲結交情。春蠶易感化，絲子已復生。
恃愛如欲進，含羞未肯前。朱口發艷歌，玉指弄嬌絃。

子夜春歌（吳聲歌曲）

春林花多媚，春鳥意多哀。春風復多情，吹我羅衣開。

子夜秋歌（吳聲歌曲）

初寒八九月，獨纏自絡絲。寒衣尚未了，郎喚儂底爲。

琅琊王歌（梁鼓角橫吹曲）

琅琊復琅琊，琅琊大道王。鹿鳴思長草，愁人思故鄉。

折楊柳枝歌（梁鼓角橫吹曲）

上馬不捉鞭，反拗楊柳枝。下馬吹長笛，愁殺行客兒。

歡聞變歌（吳聲歌曲）

鍥臂飲清血，牛羊持祭天。沒命成灰土，終不罷相憐。

襄陽樂（西曲歌舞曲）

江陵三千三，西塞陌中央。但問相隨否，何計道里長。

上述諸詩、試分析之：碧玉歌、桃葉歌、玉階怨、別詩、相送、子夜第三曲（恃愛如欲進）、子夜春歌、七首詩，其體製之共同特點有二：一爲五言四句，二爲第二第四句末叶韻。

㈢篇章圖譜之契合

至夜夜曲、子夜第一、二曲（攀枕北窗臥。前絲斷纏綿）子夜秋歌、琅琊王歌、折楊柳枝歌、歡聞變歌、襄陽樂八首詩，其體製之共同特點除前述二者外，其第三句末均爲仄聲，尤以夜夜曲之圖式如左：

一、○○○○平（韻）
○○○○平（韻）
○○○○仄
○○○○平（韻）

子夜第一曲（攀枕北窗臥）子夜秋歌、歡聞變歌之圖式爲

二、○○○○仄
○○○○平（韻）
○○○○仄
○○○○平（韻）

試舉唐人五絕二首、加以比較：

一、行宮　　元稹

寥落古行宮〔平〕（韵）
宮花寂寞紅〔平〕（韵）
白頭宮女在〔仄〕
閒坐說玄宗〔平〕（韵）

二、宮詞　　張祜

故國三千里〔仄〕
深宮二十年〔平〕（韵）
一聲何滿子〔仄〕
雙淚落君前〔平〕（韵）

第一首詩（行宮）與第一圖式，第二首詩（宮詞）與第二圖式，其句末之平仄與叶韻完全相同。唐詩之較諸詩進步者，唯在句中平仄已調，粘法已定而已。

於此可見：五言絕句由漢魏六朝樂府逐漸演進之軌迹，其出於漢魏樂府之說極爲正確。

二、七言——肇於齊梁

㈠齊梁詩爲七絕雛形

胡應麟「詩藪」曰：「品彙謂挾瑟歌、烏棲曲、怨詩行爲絕句之祖。余考烏棲曲四篇，篇用二韻，正項王垓下格，唐人亦多學者。江總怨詩卒章俱作對結，非絕句正體也。惟挾瑟歌雖音律未諧，而體裁實協，唐絕句咸所自來。」

「玉臺新詠」載梁簡文帝烏棲曲四首，舉一首爲例：

浮雲似帳月成鉤，那能夜夜南陌頭。宜城醞酒今行熟，停鞍繫馬暫棲宿。

爲七言、四句，然二句一韻，（「鉤」、「頭」屬廣韻「侯」韻；「熟」、「宿」屬「屋」韻。）與唐七絕有異。「樂府詩集」載江總怨詩行二首，錄其一首：

採桑歸路河流深，憶昔相期柏樹林。奈許新縑傷妾意，無由故劍動君心。

北齊魏收挾瑟歌：

春風宛轉入曲房，兼送小院百花香。白馬金鞍去未返，紅妝玉筯下成行。

全首七言四句、第一句第二句第四句末叶韻、（「深」「林」「心」屬「侵」韻；「房」「行」屬「唐」韻，「香」屬「陽」韻，通用）第三句末仄聲，且技巧甚佳，除平仄粘法未調外，宛然唐人格律。

然若純粹以體裁言之、「詩藪」所述未免過遲，南齊湯惠休（約西元四六四在世，魏收爲西元五〇六—五七二）歌思引云：

秋寒依依風過河，白露蕭蕭洞庭波。思君末光光已滅，眇眇悲望如思何。

試舉唐人七絕相較：

宮詞　　顧況

玉樓天半起笙歌，風送宮嬪笑語和。月殿影開聞夜漏，水精簾捲近秋河。

其相同之處：

1.七言四句。

2.第一、二、四句叶韻（歌思引之「河」「何」屬廣韻「歌」韻，「波」屬「戈」韻，同用。宮詞「歌」「河」屬「歌韻」，「和」屬「戈」韻。）

3.第三句末俱仄。

體裁完全相同，唯歌思引無宮詞整齊之平仄粘法而已。言七絕之祖當由此始。

至梁試作者日衆，簡文帝夜望單飛雁、庾信秋夜望單飛雁、梁元帝春別、乃其最著者：

夜望單飛雁　　簡文帝

天霜河白夜星稀，一雁聲嘶何處歸。早知半路應相失，不如從來本獨飛。

秋夜望單飛雁　　庾信

失群寒雁聲可憐，夜半單飛在月邊。無奈人心復有憶，今暝將渠俱不眠。

春別之四　　梁元帝

日暮徙倚渭橋西，正見流月與雲齊。若使月光無近遠，應照行人今夜啼。

體裁與唐詩相同、然平仄粘法未調。

㈡隋末七絕成形

及夫隋末，有無名氏作云：

—｜——｜｜—　——｜｜｜——　｜——｜——｜　｜｜———｜—
楊柳青青着地垂，楊花漫漫攪人飛。柳條折盡花飛盡，借問行人歸不歸。

試以唐七絕相較：

烏衣巷　　劉禹錫

—｜——｜｜—　——｜｜｜——　｜——｜——｜　—｜——｜｜—
朱雀橋邊野草花，烏衣巷口夕陽斜。舊時王謝堂前燕，飛入尋常百姓家。

除體裁相同外，當着意每句之關鍵字二四六字俱同，而全詩章法均以仄起、平起、平起、仄起句法次第排列，其粘法亦已定，故此詩當爲七絕成熟之先聲。

綜上所述，可知七絕肇始於齊梁，成形於隋末。至唐時，更加磨鍊技巧，穩順聲律，遂獨具面目，蔚爲大國。

然則，齊梁以下七言絕句從何而來？其體製亦係源出漢魏六朝之五言樂府，由七言後於五言，及體裁之相同（字數整齊之四句爲一首，第一第二第四句末叶韻，第三句末爲仄聲），且五言圓熟、七言生硬、顯在模擬階段可以推知。

總而言之：不論五、七言絕句，其體製均淵源於四句一絕之漢魏樂府。

第二節　以內涵言

純以體裁言，五言絕句出於漢魏六朝樂府。七言絕句亦受樂府影響，僅於每句上加二字，使成七言。然幅員廣大之吳聲歌曲（如子夜歌、子夜四時歌，大子夜歌、子夜變歌、歡聞變歌等）西曲歌舞曲（如莫愁樂、估客樂、襄陽樂、三洲歌等）其所咨嗟詠歎者，類皆里巷男女情思之辭，或述歡愛、或述憂悶。唐絕句描摹之範圍廣大、其主要者即包涵宮闈、邊塞、別離。細按之，不同時節，各種人物，多種際遇之複雜情感，均可於絕句發之。且其意境廣遠，格調高超，決非此樂府所能包涵。故以內涵言，絕句必另有所承。

王夫之「薑齋詩話」曰：「五言絕句，自五言古詩來。七言絕句自歌行來。」又曰：「自五言古詩來者，就一意中圓淨成章，字外含遠神，以使人思。自歌行來者，就一氣中駘宕靈通，句中有餘韻，以感人情。」其說最卓，玆申述之：

一、五言——源於五言古詩

㈠均有鮮明之立意

兩漢古詩，以圓熟之筆寫幽渺之情，佳構甚多。試以相傳蘇武別妻詩及古詩十九首中節錄一二爲例：

蘇武別妻

結髮爲夫妻，恩愛兩不疑。歡娛在今夕，燕婉及良時。征夫懷往路，起視夜何其。參辰皆已沒，去去從此辭。行役在戰場，相見未有期。握手一長歎，淚爲生別滋。努力愛春華，莫忘歡樂時。生當復來歸，死當長相思。

古詩十九首之九

庭中有奇樹，綠葉發華滋。攀條折其榮，將以遺所思。馨香盈懷袖，路遠莫致之。此物何足貴，但感別經時。

古詩十九首之十

迢迢牽牛星，皎皎河漢女。纖纖擢素手，札札弄機杼。終日不成章，泣涕零如雨。河漢清且淺，相去復幾許。盈盈一水間，脈脈不得語。

蘇武別妻詩，述恩愛夫妻之別，徙倚徬徨，依依難捨。古詩之九，述見花思人、路遠莫致之情。古詩之十想像牽牛織女隔銀漢相望、不得相聚之苦。各有立意，表達之技巧極高妙。

茲列唐人五言絕句數首：

江亭月夜送別　　王　勃

亂煙籠碧砌，飛月向南端。寂寂離亭掩，江山此夜寒。

欹湖　　　　王維

吹簫臨極浦，日暮送夫君。湖上一迴首，山靑卷白雲。

閨怨詞　　　劉禹錫

珠箔籠寒月，紗窗背曉燈。夜來巾上淚，一半是春冰。

江亭月夜送別、欹湖二首均爲別離之詞，閨怨詞述怨婦思夫之情，均各有立意，與前述古詩相類。

㈡均有言外言，味外味

尤當着意之處在其字句之間，有言外之言，味外之味，語近而情遙。

蘇武別妻詩「征夫懷遠路，起視夜何其」可以想見奉命出使，不忍別妻之意。然，別離之時逐漸迫近，故於斗轉星移，致其無可奈何之悲思。

古詩之九「馨香盈懷袖，路遠莫致之」馨香非但言花，包含胸中一片純情；路遠非但言路途，寓意所受之阻撓重。

古詩中之十「盈盈一水間，脈脈不得語」非僅不能言語，萬般柔情皆不得通。

江亭月夜送別「寂寂離亭掩，江山此夜寒」述送客心情之凝重。

欹湖「湖上一迴首，山靑卷白雲」亦決非寫景、乃以靑山白雲狀遊子之遠去，空留佳山勝水而已。

閨怨詞「夜來巾上淚，一半是春冰」半爲春冰，半尙爲淸淚，其淚流不止可見，其抑鬱愁思益可見。

五古與五絕類皆各有立意，表達手法亦同。誠如王氏所云：「一意中圓淨成章，字外含遠神，以使人思。」故五絕之內涵啓源於五古，顯而可見。

㈢古詩每以四句爲一斷

且古詩賦，每以四句爲一段落。三百篇、楚辭之中，其例已衆，茲不贅述。兩漢古詩亦然，以前述三詩爲例，可摘出甚多四句一段之小詩，而其意義完整者：

行役在戰場，相見未有期。握手一長歎，淚爲生別滋。

努力愛春華，莫忘歡樂時。生當復來歸，死當長相思。

庭中有奇樹，綠葉發華滋。攀條折其榮，將以遺所思。

河漢淸且淺，相去復幾許。盈盈一水間，脈脈不得語。

其詩均淸新宛雋，與唐五絕極近似，謂唐五絕乃截取五古四句而成，亦不爲過。

董文煥「聲調四譜圖說」，列祖詠、王維、韋應物數家五絕計五首，其圖式同五古，卽爲一明證。

二、七言——本於歌行

㈠氣勢韻味之相類

「薑齋詩話」云：「歌行鮑庾初製」知王氏所謂歌行，乃指南北朝新興之詩體。其句式大多長短不一，而以七言爲骨幹，鮑照行路難、魏胡太后楊白花、無名氏東飛伯勞歌皆其例也。

行路難（摘錄）　鮑照

對案不能食，拔劍擊柱長歎息。丈夫生世能幾時，安能蹀躞垂羽翼？棄檄罷官去，還家自休息。朝出與親辭，暮還在親側。弄兒牀前戲，看婦機中織。自古聖賢盡貧賤，何況我輩孤且直？

……

中庭五株桃，一株先作花。陽春沃若二三月，從風簸蕩落西家。西家思婦見悲惋，零落沾衣撫心歎。初我送君出戶時，何言淹留節迴換。牀席生塵明鏡垢，纖腰細削蓬髮亂。人生不得恒稱意，惆悵徙倚至夜半。

陽白花　胡太后

陽春二三月，楊柳齊作花。春風一夜入閨闥，楊花飄蕩落南家。含情出戶脚無力，拾得楊花淚沾臆。秋去春還雙燕子，願銜楊花入窠裏。

東飛伯勞歌　無名氏

東飛伯勞西飛燕，黃姑織女時相見。誰家女兒對門居，開顏發艷照里閭。南窗北牖桂月光，羅幃綺帳脂粉香。女兒年幾十五六，窈窕無雙顏如玉。三春已莫花從風，空留可憐誰與同。

歌行之特點在氣之駘宕，直如長江大河，波濤洶湧，勢震萬里。吾人讀古詩，見其溫雅敦厚，淡泊寧靜；讀歌行，見其奔放跌宕，精神抖擻，活潑潑地。而揮灑之中，又見含蓄，言已盡而意有餘，每令人一唱三歎，引發胸中之共鳴。

如行路難「對案不能食」一章，述出仕之不如意，懷才未遇，詩中充滿不平之鳴，故氣勢盛。然歸之以養親、弄兒、看婦織，放而能收，語有餘味。「中庭五株桃」一章，述思婦之懷，觸景生情，本極怨矣。而以「人生不得恒稱意，惆悵徙倚至夜半」自我解釋，亦怨而不怒，留有餘味。

陽白花爲胡太后追憶楊白花之詩（事見梁書）純以楊花作比，抒其纏綿悱惻之思。然極見含蓄，非號啕痛哭所能望其項背。故意味深遠，動人胸懷。

東飛伯勞歌述青春少女，見時光之飛逝，懼年華之不久。其作法亦一氣呵成，極見精神。然全篇文字優美柔婉，如「三春已莫花從風，空留可憐誰與同」之句，韻溢於詞，令人賞愛之不忍釋。

唐人七絕如：

涼州詞　王　翰

葡萄美酒夜光杯，欲飲琵琶馬上催。醉臥沙場君莫笑，古來征戰幾人回。

爲厭戰之詩，將士出征，思及沙場苦戰，白骨如麻，感人命之無常，故以及時行樂自遣。豪情壯志，揮灑於篇章，抑揚頓挫，然歸之以「古來征戰幾人回」，則又於雄放慷慨中見廻環之妙。又如：

黃鶴樓送孟浩然之廣陵　李白

故人西辭黃鶴樓，烟花三月下揚州。孤帆遠影碧空盡，惟見長江天際流。

此詩述送別故人，其情揮灑而出，氣勢爽利。然結以孤帆遠去，大江自流，即有無盡韻味。又如：

西宮春怨　王　昌　齡

西宮夜靜百花香，欲捲珠簾春恨長。斜抱雲和深見月，朦朧樹色隱昭陽。

此詩述妃嬪失寵之悲思，由夜靜花香引出春恨無邊，由恨引出鼓瑟排遣，然昭陽夜色又引人更增愁思。一詩多層轉折，頗饒委曲之味，而極有精神。

可知唐人七絕，以氣運行，而潤以迴環之味，正如南北朝歌行之「就一氣中駘宕靈通，句中有餘味，以感人情。」謂淵源於彼，正爲的見。

㈡歌行四句一斷與唐絕相類

且歌行之中，亦可摘出四句一段而其意義完整者，以前述三首爲例：

西家思婦見悲惋，零落沾衣撫心歎。初我送君出戶時，何言淹留節迴換。

牀席生塵明鏡垢，纖腰細削蓬髮亂。人生不得恒稱意，惆悵徙倚至夜半。

含情出戶脚無力，拾得楊花淚沾臆。秋去春還雙燕子，願銜楊花入窠裏。

女兒年幾十五六，窈窕無雙顏如玉。三春已莫花從風，空留可憐誰與同。

其形式極似唐人七絕。可作七絕啓源之旁證。

由體製與內涵綜合觀之，可知唐人絕句乃得於漢魏六朝五言四句樂府體裁之啓示。五絕截取五古四句，七絕截取歌行四句，沿襲其風韻神彩。初盛唐之際，穩順聲勢，名家互出，遂獨成一新詩體焉。

第三節　絕截律半辨誤

絕句律詩同屬於近體詩，絕句起然後有律詩。

絕句又稱「斷句」、「截句」、「短句」考其所自，五言絕句乃截取五言古詩四句，七言絕句乃截取南北朝歌行而成，前已詳論之。

一、絕截律半之說

或謂絕句乃截取律詩四句而來：元范德機「詩格」首倡其說，後代闡其說者、如：

㈠清王堯衢「古唐詩合解」，於王翰涼州詞（葡萄美酒夜光杯）注：「凡絕句不用對偶，俱是截起結法」。於李白上皇西巡南京歌（誰道君王行路難）注：「用截前解法」。於王勃江亭月夜送別（江送巴南水）注：「首二句對是截下解。」

㈡清施補華峴傭說詩中之曰：「五言絕句，截五言律詩之半也。有截前四句者，如『移舟泊煙渚，日暮客愁新。野曠天低樹，江清月近人。』是也。有截後四句者，如『功蓋三分國，名成八陣圖。江流石不轉，遺恨失呑吳。』是也。有截中四句者，如『白日依山盡，黃河入海流。欲窮千里目，更上一層樓。』是也。有截前後四句者，如『山中相送罷，日暮掩柴扉。春草年年綠，王孫歸不歸？』是也。七絕亦然。」

二、其說與詩體之發展史不合

此種說法之誤謬，以絕句律詩之發展史考之，卽不攻自破。「四庫提要」云：「漢人已有絕句，在律詩之先，非先有律詩截爲絕句。」（師友詩傳錄敍）蓋五言絕句遠始於漢魏，五言律詩肇啓於齊梁也。

然上述諸說，以圖式視之，易啓人疑竇者凡二，此爲啓源說所難解釋，卽：對偶之形似與聲律之相同，爰論辨之：

三、對偶之差異

部分絕句具有對偶，其圖式頗易使人誤會出於律詩。然五言古詩至六朝，已雜入排偶之風。晉之陸機、潘岳開其端，至宋之謝靈運、顏延年，齊之謝朓，遂變本加厲，排偶之風更盛。於諸家詩中如謝朓入朝曲，幾乎全篇均爲儷句。「詩藪」曰：「晉宋之交，古今詩道之大限乎！魏承漢後，雖浸尙華靡，而淳樸餘風，隱約尙在……士衡、安仁一變而排偶開矣；靈運、延年再變而排偶盛矣；玄暉三變而排偶愈工，淳樸愈散，漢道盡矣。」

於此排偶熾盛之五言古詩中，截取四句，或四句皆對，或首二句對，或末二句對，隨詩人樂意，自由剪裁，豈非甚合理路？七言後起，仿五言步調，亦勢所必然。如「薑齋詩話」曰：「五言絕句有平鋪兩聯者，亦陰鏗、何遜古詩之支裔。七言絕句有對偶，如『故鄉今夜思千里，霜鬢明朝又一年』亦流動不羈，終不可作『江間波浪兼天湧，塞上風雲接地陰』平實語。」

王氏所云，吾人當着意者有二：一爲明白認定絕句之有對偶者，乃截取六朝古詩之對偶部份而成。二爲說明絕句對偶較靈巧，不如律詩對偶之平實。

今試舉何遜陰鏗之作，述明之：

日夕望江山贈魚司馬　何遜

湓城帶湓水，湓水縈如帶。日夕望高城，耿耿青雲外。城中多宴賞，絲竹常繁會。管聲已流悅，絃聲復淒切。歌黛慘如愁，舞腰凝欲絕。仲秋黃葉下，長風正騷屑。早雁出雲歸，故燕辭檐別。晝悲在異縣，夜夢還洛汭。洛汭何悠悠，起望西南樓。的的帆向浦，團團月映洲。誰能一羽化，輕舉逐飛浮。

贈諸遊舊　何遜

弱操不能植，薄枝竟無依。淺智終已失，令名安可希？擾擾從役倦，屑屑身事微。少壯輕年月，遲暮惜光輝。一塗今未是，萬緒昨如非。新知雖已樂，舊愛盡暌違。望鄉空引領，極目淚霑衣。旅客長憔悴，春物自芳非。岸花臨水發，江燕遶檣飛。無由下征帆，獨與暮潮歸。

廣陵岸送北使　陰鏗

行人引去節，送客艤歸艫。卽是觀濤處，仍爲郊贈衢。汀洲浪已息，邗江路不紆。亭嘶背櫪馬，檣轉向風烏。海上春雲雜，天際晚帆孤。離舟對零雨，別渚望飛鳧。定知能下淚，非但一楊朱。

其中頗與對偶，然尚不若唐人律詩之工穩，吾人於詩中卽可截出唐人對偶絕句之式樣：

四句全對——一塗今未是，萬緒昨已非。新知雖已樂，舊愛盡暌違。（贈諸遊舊）

首二句對——離亭對零雨，別渚望飛鳧。定知能下淚，非但一楊朱。（廣陵岸送北使）

末二句對——洛汭何悠悠，起望西南樓。的的帆向浦，團團月映洲。（日夕望江山贈魚司馬）

再羅列絕句中對句如：

衰鬢千莖雪，他鄉一樹花。（司空曙玩花與衞象同醉）

朔風千里驚，漢月五更淸。（令狐楚從軍行）

不知庭霰今朝落，疑是林花昨夜開。（宋之問苑中遇雪應制）

柳色未饒秦地綠，花光不減上陽紅。（李白上皇西巡南京歌）

東風不爲吹愁去，春日偏能惹恨長。（賈至春思）

律詩中對句如：

氣蒸雲夢澤，波撼岳陽城。（孟浩然臨洞庭）

檻外低秦嶺，窗中小渭川。（岑參登總持閣）

叢菊兩開他日淚，孤舟一繫故園心。（杜甫秋興）

片石孤雲窺色相，清池皓月照禪心。（李頎題璿公山池）

黃河曲裏沙為岸，白馬津邊柳向城。（高適夜別韋司士）

兩者比較，律中對偶較絕句謹嚴甚多，絕句中對偶尚能於小處變化，如「他鄉」對「衰鬢」、「漢月」對「朔風」、「疑是」對「不知」、「不滅」對「未饒」、「偏能」對「不為」等正是六朝滋味。故絕句之對偶不由律詩來，顯而易見。

四、聲律之定軌絕先於律

近人王力氏以為絕句之聲律由律詩來（見「漢語詩律學」）其說亦值商榷：

絕句聲律之定勢，雖在唐時（李漁叔師「詩學研究」云：絕句進至初盛唐，已至登峰造極之境………至王昌齡、王之渙、王維、李白等出，各有名篇，其體制遂告穩定。）然其啓源則甚早。前述吳聲諸曲，已具整齊五言四句，第二第四句叶韻，第三句末為仄聲三要素。梁簡文帝夜夜曲更為殊異：

——｜｜—　｜｜｜——　｜｜——｜　——｜｜—

愁人夜獨傷，滅燭臥蘭房。祇恐多情月，旋來照妾牀。

細察其平仄及粘法，與唐人平起式之五絕，除第一句用韻外（唐人平起五絕亦有第一句用韻者，如令狐楚從軍行首句「朔風千里驚」是也，然偏少。）完全相同。另有隋末無名氏之楊柳青青着地垂：

—|——||—，——|||——。|—||——|，||———|—。

楊柳青青着地垂，楊花漫漫攪人飛。柳條折盡花飛盡，借問行人歸不歸。

其平仄與粘法與唐人仄起七絕，除第四句第五字易仄爲平外，亦完全相同。

梁簡文帝時，五律之平仄與粘法俱未定勢；隋末，七律之平仄與粘法亦未定勢，可知非由律詩來。容或王李諸家審音度律時，受律詩聲律整齊優美之影響，而擇定絕句之體制如式，然不得云即由律詩來。

故絕句之有對偶，形似於律詩，而非本於律詩；絕句之聲律，形類於律詩，亦非源於律詩。由絕律之發展史考定，對偶、聲律之釋疑，可以判定：絕截律半之說爲不正確。

第二章　本　質

第一節　緒　論

各體詩因其體裁之不同，其性質亦有異。絕句之性質殊於古詩、律詩自屬必然。然則，絕句之特質何在？前人已各作部分之闡述：

李重華「貞一齋詩說」：「五言絕發源子夜歌，別無謬巧，取其天然，二十字如彈丸脫手爲妙。」

宋犖「漫堂說詩」：「五言絕句………錢（起）劉（禹錫）韋（應物）柳（宗元）古淡清遠，多神來之句，所謂好詩必是拾得也。歷代詩什，往往而有。要之：詞簡而味長。」

沈德潛「說詩晬語」：「七言絕句，以語近情遙，含吐不露爲主。只眼前景、口頭語，而有絃外音、味外味。」

謝榛「四溟詩話」：「七言絕句………盛唐人突然而起，以韻爲主，意到辭工，不假雕飾。或命意得句，以韻發端，渾成無迹。」

「漫堂說詩」：「詩至唐人七言絕句，盡善盡美。自帝王公卿，名流方外，以及婦人女子，佳作纍纍。取而諷之，往往令人情移，迴環含咀，不能自已，此眞風騷之遺響也。」

楊載「詩法家數」：「絕句之法，要婉轉迴環，刪蕪就簡，句絕而意不絕。」

綜觀諸家論述，可以得其大旨矣。而吾人所當着意者，即絕句體制簡短，主在抒情而可譜諸管絃，形諸詠歎，故諸論均不離乎此。今剖析之如后：

第二節　本質

一、語近情遙，含吐不露

絕句既體制簡短，而唐人又以之抒情（不若宋人以之議論、詠物。）故高論宏議、鋪陳寫物均不適宜。唐人乃以尋常語言、平實意思，寄其深遠幽渺之感情，所表現者爲含蓄、平淡，然細賞之，則意在言外，韻味雋永。

㈠以各題裁爲例

1 離別之作

離別之作，如王維「送沈子福之江東」：

楊柳渡頭行客稀，罟師盪槳向臨圻。唯有相思似春色，江南江北送君歸。

此中無一綺麗語，率爲口頭語言，然而於朋友依依難捨之深情，即巧妙道出。王堯衢曰：「春色不限江南北，相思亦不限江南北，當隨君所往而相送之，不令君歎愁寂也，送別乃有此情深之語。」（唐宋詩擧要）堪爲佳注脚。又如：

江亭月夜送別　王勃

亂煙籠碧砌，飛月向南端。寂寂離亭掩，江山此夜寒。

黃鶴樓送孟浩然之廣陵　李白

故人西辭黃鶴樓，烟花三月下揚州。孤帆遠影碧空盡，惟見長江天際流。

送元二使西安　王維

渭城朝雨浥輕塵，客舍青青柳色新。勸君更盡一杯酒，西出陽關無故人。

送別魏二　王昌齡

醉別江樓橘柚香，江風引雨入船涼。憶君遙在湘山月，愁聽清猿夢裏長。

均爲道別離之佳作，其性質亦如之。

2. 閑適之作

其實，唐人絕句，無論抒何種感情，道閑適者，如崔顥之長干曲：

君家在何處，妾住在橫塘。停舟暫借問，或恐是同鄉。卽於清淡、似不着邊際之中見其滋味。

3. 閨怨之作

道閨怨者，如王昌齡之閨怨，李白之怨情：

閨怨　王昌齡

閨中少婦不知愁，春日凝妝上翠樓。忽見陌頭楊柳色，悔教夫壻覓封侯。

怨情　李白

美人捲珠簾，深坐顰蛾眉。但見淚痕溼，不知心恨誰。

道鄉思者，如賀知章之回鄉偶書，王維之九月九日憶山東弟兄。

回鄉偶書　賀知章

少小離家老大回，鄉音無改鬢毛衰。兒童相見不相識，笑問客從何處來。

九月九日憶山東弟兄　王維

獨在異鄉爲異客，每逢佳節倍思親。遙知兄弟登高處，徧插茱萸少一人。

各種內涵儘管不同，每以口頭言語道之，而其情意深摯，動人心懷則一。

㈡若干不適絕句之風格與題材

唐人詩如韓愈之艱澀，盧仝之怪異，不適於此體。慷慨放歌者（如李白「將進酒」、「行路難」，高適「燕歌行」），雍容應制者（如沈佺期「興慶侍宴應制」，宋之問「奉和春初幸太平公主南莊應制」）鋪敍較多，轉折跌宕者（如杜甫三吏三別，白居易「賣炭翁」）亦不適於此體。

㈢論含蓄平淡

唐人絕句重含吐不露，重平淡。蓋含吐不露，則多迴環宛轉之妙，平淡則其旨清遠，二者均有助於韻味之長遠。

1含蓄之理

其實，各體詩亦稍含蓄爲妙：張表臣「珊瑚鉤詩話」曰：「篇章以含蓄天成爲上，破碎雕鏤爲下」。

張戒「歲寒堂詩話」曰：「國風云愛而不見，搔首踟躕。瞻望弗及，佇立以泣。其詞婉，其意微，不迫不露，此其所以可貴也。」

姜夔「白石道人詩說」曰：「語貴含蓄。東坡云：言有盡而意無窮者，天下之至言也……句中有餘味，篇中有餘意，善之善者也。」

特絕句體制短小，以二、三十字道出完整之一片情感與意念。非善於委曲含鋒，不能表達精美，故偏重含蓄而已。

2含蓄之法

關於含蓄，昔人亦曾詮釋：

施補華「峴傭說詩」曰：「戴叔倫三閭廟：『沅湘流不盡，屈子怨何深。日暮秋風起，蕭蕭楓樹林。』並不用意，而言外自有一種悲涼感慨之氣，五絕中此格最高。義山『向晚意不適，驅車登古原。夕陽無限好，只是近黃昏。』歎老之意極矣，然只說夕陽，並不說自己，所以爲妙。五絕七絕均須知此。」釋之極爲詳盡。

蓋含蓄者婉約其辭，不宜過於平直，故須於着句時稍加抑勒。如前列諸詩，述友朋別後之淒清悲慘，不直說此，而以「寂寂離亭掩，江山此夜寒」「惟見長江天際流」「愁聽清猿夢裏長」間接道出。書閨中少婦，因丈夫離家，春色撩人之際，愁思無限，以「忽見陌頭楊柳色，悔教夫壻覓封侯」道出。憶兄弟重九登高，不見自己，必加思念，己亦殷勤思念兄弟，以「遙知兄弟登高處，徧插茱萸少一人」道出。間接道出勿論，且道之不盡，留一股餘味於字裏行間之外，此乃含蓄之旨。

唐人絕句，如王維、劉禹錫、杜牧、李商隱，其作品婉約者，風格之含蓄勿論矣。卽如李白、岑參於其歌行體之表現，豪邁奔放，然一旦爲絕句，則亦含蓄不露，蓋一露則無味矣！

「峴傭說詩」曾剖析李白七絕，得其含蓄之旨，錄之於下：

「太白七絕，天才超絕而神韻隨之，如『朝辭白帝彩雲間，千里江陵一日還』如此迅速，則輕舟之過萬山，不待言矣。中間却用『兩岸猿聲啼不住』一句墊之，無此句則直而無味，有此句，走處仍留，急語仍緩。』

二、以興趣爲主、韻味爲標的、空靈爲境界

繆鉞「詩詞散論」曰：「唐詩以情景爲主，卽敘事說理，亦寓於情景之中，出以唱歎含蓄。」若以之言絕句，極爲的當貼切。試觀宋人絕句，往往於瑣事微物逞才，詠事詠物之作甚多。餘如述友朋之交往，論事說理，講學衡文，均爲材料。唐人絕句則不然，純議論敘事者甚少，大率爲抒情之作。卽有議

論敍事，亦不過爲抒情之手段而已。

情無由自達，故以景達之，王夫之「薑齋詩話」曰：「不能作景語，又何能作情語邪？古人絕唱多景語，胡蝶飛南園，池塘生春草，亭皋木葉下，芙蓉露下落，皆是也，而情寓其中。以寫景之心言情，則身心中獨喩之微，輕安拈出。」又曰：「情景名爲二，而實不可離。神於詩者，妙言無垠，巧者則有情中景，景中情。」繆鉞亦曰：「詩本以言情，情不能直達，寄於景物，情景交融，故有境界。似空而實，似疏而密，優柔善入，玩味無斁。」論之甚爲透闢。

試以李白玉階怨，劉禹錫烏衣巷爲例：

玉階怨　李白

玉階生白露，夜久侵羅襪。却下水精簾，玲瓏望秋月。

烏衣巷　劉禹錫

朱雀橋邊野草花，烏衣巷口夕陽斜。舊時王謝堂前燕，飛入尋常百姓家。

「玉階怨」之主題寫月夜思人，「玉階生白露」非爲寫景，而在寫人夜深未眠。「玲瓏望秋月」非意在賞月，乃見月思人，不覺魂銷。「烏衣巷」書權貴沒落，世事移轉，「朱雀橋邊野草花，烏衣巷口夕陽斜」非爲寫景，乃以王謝舊居之「野草」「夕陽」狀其沒落。「舊時王謝堂前燕，飛入尋常百姓家」非爲燕子，乃在寫燕去堂空，豪華殆盡。凡此具足了悟因景寄情之妙。

㈠興趣爲主

唐人絕句既以情景爲主，俗情俗景之不足取勿論矣。卽一般情景，增之不爲多，去之不爲少，不能感人性情，試問何足以言宛轉迴環，韻味無窮？且其篇幅短小，情思若非淘鍊精緻，亦無從置入其中。故詩人必以敏銳之手法，捕捉情景中突來之靈感，然後可以成佳篇。此突來之靈感，昔人或謂之「天機」，或謂之「興趣」，或不道其名而述其實：

王世懋「藝圃擷餘」曰：「絕句之源，出於樂府，貴有風人之致。其聲可歌，其趣在有意無意之間，使人莫可捉着。」

謝榛「四溟詩話」曰：「詩有天機，待時而發，觸物而成，雖幽尋苦索，不易得也。」

李重華「貞一齋詩說」曰：「七絕……李白、王昌齡後，當以劉夢得爲最。緣落筆矇矓縹渺，其來無端，其去無際故也。」

嚴羽「滄浪詩話」曰：「盛唐諸人，唯在興趣，羚羊掛角，無迹可求。故其妙處，透徹玲瓏，不可湊泊。如空中之音，相中之色，水中之月，鏡中之象，言有盡而意無窮。」

其中以嚴滄浪言之較爲具體，亦較有深度。如李白靜夜思：「床前明月光，疑是地上霜。擧頭望明月，低頭思故鄉。」乃一思鄉之作，然思鄉之頭緒千萬，李白由無意中發見之床前月光起興，述及思鄉之情，以「擧頭望明月」寄其有意無意之趣。又如杜牧泊秦淮：「烟籠寒水月籠紗，夜泊秦淮近酒家。商女不知亡國恨，隔江猶唱後庭花。」身在秦淮，本無思慮。而商女之一支玉樹後庭花，遂令作者思量起陳後主亡國恨事。此卽所謂天機，所謂興趣也。

其實，細審唐人絕句，均可見其「天機」「興趣」在。蓋有「天機」「興趣」，而後方見其透徹玲瓏之境界，搖曳生姿之風韻。

㈡韻味爲標的

詩重韻味之雋永，「臨漢隱居詩話」云：「凡爲詩，當使挹之而源不窮，咀之而味愈長。」而絕句尤重，「說詩晬語」所謂「味外味」是也。緣由絕句受體裁限制，若干風格，如波瀾壯濶，激昂慷慨，甚難表達。故唯以輕巧有味取勝，若百圃千紅，以一枝見其嫵媚芳潔，不以紛紅駭綠，滿園春色取勝。其賦含、其表達，於衆詩體中爲較特殊之一面。

清王士禎標擧神韻說，以嚴滄浪興趣說爲本，參以唐人司空圖之「味在酸鹹之外」「不着一字，盡得風流」，戴叔倫「藍田日暖，良玉生煙。」東波羅漢贊「空山無人、水流花開」等諸語，以爲神韻即在其中。

王氏之論，誠爲深刻，然失之於偏，其偏在侷限雲水泉石方見神韻。且其論過於抽象，前人已有「蹈空」之譏，「四庫全書總目提要」亦以爲「品題泉石、摹繪煙霞」之「山水清音」，「實詩之一體，不足以盡詩之全。」

其實，韻味乃一極平淺之意思。不必言之虛無飄渺，亦不必言之深奧偏僻。「峴傭說詩」曰：「用剛筆則見魄力，用柔筆則出神韻。柔而含蓄之爲神韻，柔而搖曳之爲風致。」最爲簡要。任何題材，若離別之情、鄉思之情、邊塞之作、思婦之辭、甚至男女情思等，若處理得當，均有無窮風致與韻味。前已述及「興趣」「含蓄」二義，所謂「處理得當」卽指興趣高妙而以含蓄出之。

如李白勞勞亭詩云：「天下傷心處，勞勞送客亭。春風知別苦，不遣柳條靑。」古人折柳送別，生別惻惻，却從楊柳寫起，詠之有味，愈誦愈甘。

又如賀知章回鄉偶書云：「離別家鄉歲月多，近來人事半銷磨。惟有門前鏡湖水，春風不改舊時波。」若直道景物全非則無味，惟從鏡湖春波依舊，襯出其餘全非，卽有味。

又如李益從軍北征：「天山雪後海風寒，橫笛偏吹行路難。磧裏征人三十萬，一時回首月中看。」征戰本極艱苦，由橫笛行路難一調，征人齊回首，可想見其胸中之感觸。不加明說，却自有味。

又如劉方平春怨云：「紗窗日落漸黃昏，金屋無人見淚痕。寂寞空庭春欲晚，梨花滿地不開門。」寫時光之飛逝，靑春易老，以不忍見梨花之凋落爲寓，味頗深長。

又如李白陌上贈美人云：「駿馬驕行踏落花，重鞭直拂五雲車。美人一笑褰珠箔，遙指紅樓是妾家。」褰簾遙指，其情意若何？其神態若何？均不直說。讀者思之，可得無窮之情味。

㈢境界空靈

境界二字，首爲王國維氏所拈出，以之論詩詞，自謂乃探本之說。

何謂境界？王氏云：「夫境界之呈於心，而見於物外者。皆須臾之物，鐫諸不朽之文字，使讀者自得之。遂覺詩人之言，字字爲我心中所欲言，而又非我所能自言。」所謂「境界之呈於心，而見於物外者，皆須臾之物」，正如前述「興趣」之突來靈感。此靈感須敏銳之詩家方能捕捉之，常人則但零瑣片斷，掠過腦際而已。故王氏又云「境界有二：有詩人之境界，有常人之境界。」又王氏論詩詞，以爲「語語都在目前便是不隔。」「寫情則沁人心脾，寫景則在人耳目，述事則如其口出」爲有意境，可知境界也者，乃情景中之最美好程度，詩人能達之，卽有境界。以此言之，境界與興趣、韻味乃密密相連，蓋興趣動之，韻味淸遠，卽爲高深境界也。

朱承爵「存餘堂詩話」曰：「作詩之妙，全在意境融徹出音聲之外，乃得眞味。」尤以絕句爲然。

絕句之境界在空靈，筆不板重，沾處卽活，而致自然高妙。如王維鳥鳴澗：「人閒桂花落，夜靜春山空。月出驚山鳥，時鳴春澗中。」竹里館：「獨坐幽篁裏，彈琴復長嘯，深林人不知，明月來相照。」僅輕輕數筆，若不經意，便點出閒適情況。如蜻蜓點水，宛然成紋。

又如杜甫八陣圖：「功蓋三分國，名成八陣圖。江流石不轉，遺恨失吞吳。」寥寥數筆，卽將諸葛武侯一生功業之成敗描出。杜牧赤壁懷古：「折戟沉沙鐵未銷，自將磨洗認前朝。東風不與周郎便，銅雀春深鎖二喬。」赤壁鏖兵千頭萬緒，如統統言之，不宜絕句體制，故轉由二喬道出。蓋於此卽聯想到曹操、周瑜及百萬爭鋒之大軍。此以簡馭繁，以巧制拙，以四兩撥千金，卽所謂空靈之法。其他可以類推。

誠然，絕句板重者有之，瑣雜者有之。然細察其佳品，其境界必空靈。繆鉞曰：「唐詩尚天人相半，在有意無意之間。」「唐詩以韻勝，故渾雅，而貴醞藉空靈。」蓋其體制與精神有以致之。

三、柔婉爲骨

唐人絕句既重含蓄，講韻味，故其表達之方式，偏重柔婉。題材雖剛健，亦以柔婉之筆出之。不如此，則豪情壯志，一揮而出，餘味蕩然。「峴傭說詩」曰：「七絕亦切忌用剛筆，剛則不韻。卽邊塞之作，亦須斂剛於柔，使雄健之章，亦饒頓挫，乃不落粗豪。」

道離情、閨怨、鄉思之作，其爲柔婉，無須論矣。邊塞之作，於古詩樂府之中，雄奇奔放，慷慨揮灑。如岑參走馬川行奉送封大夫出師西征：

君不見走馬川行雪海邊，平沙莽莽黃入天。輪台九月風夜吼，一川碎石大如斗，隨風滿地石亂走。匈奴草黃馬正肥，金山西見煙塵飛。漢家大將西出師，將軍金甲夜不脫。半夜軍行戈相撥，風頭如刀面如割。馬毛帶雪汗氣蒸，五花連錢旋作冰，幕中草檄硯水凝。虜騎聞之應膽慴，料知短兵不敢接，軍師西門佇獻捷。

然同此類題材，置入絕句中則不同：如岑參之苜蓿烽寄家人、磧中作。

苜蓿烽寄家人

苜蓿烽邊逢立春，胡蘆河上淚沾巾。閨中只是空相憶，不見沙場愁殺人。

磧中作

走馬西來欲到天，辭家見月兩回圓。今夜不知何處宿，平沙萬里絕人煙。

樂府所講究者爲淋漓暢快，故直、豪放、剛健。絕句所講究者爲韻味雋永，故曲、含蓄、柔婉。

四、雅正爲宗

絕句必須高雅端正，故凡卑俗、浮淺、輕薄、狠戾、淫媟之作，均不得寓於絕句之林。非但此也，即如杜甫三吏三別，道盡民間疾苦，驚天地而泣鬼神。然試摘其字句品嚐之：

「客行新安道，喧呼聞點兵。借問新安吏，縣小更無丁。府帖昨夜下，次選中男行。中男絕短小，何以守王城」」（新安吏）

「聽婦前致詞，三男鄴城戍，一男附書至，二男新戰死。存者且偸生，死者長已矣。室中更無人，惟有乳下孫。孫有母未去，出入無完裙。」（石壕吏）

亦不合入絕句。緣由鋪敍太詳，道之太盡，稍乏雅致也。

艷體之作，自古有之，亦人情所不能免。然發乎情，止乎禮，方見自家風軌，若備述衾中醜態，此詩不足道也。於此，「薑齋詩話」論之最精：

「艷詩有述歡好者，有述怨情者，三百篇亦所不廢。顧皆流覽而達其定情，非沉迷不反，以身爲妖冶之媒也。嗣是作者，如荷葉羅裙一色裁，昨夜風開露井桃，皆艷極而有所止。至如太白烏栖曲諸篇，則又寓意高遠，尤爲雅奏。其述怨情者，在漢人則有靑靑河畔草、鬱鬱園中柳。唐人則閨中少婦不知愁、西宮夜靜百花香，婉孌中自矜風軌。」

所述唐人艷體，除李白烏栖曲外，均爲王昌齡七絕，今錄於后。細賞之，可以知其用筆，類皆溫柔敦厚，歡好而不孟浪，哀怨而不狠戾。

採蓮曲

荷葉羅裙一色裁，芙蓉向臉兩邊開。亂入池中看不見，聞歌始覺有人來。

春宮曲

昨夜風開露井桃，未央前殿月輪高。平陽歌舞新承寵，簾外春寒賜錦袍。

閨　怨

閨中少婦不知愁，春日凝妝上翠樓。忽見陌頭楊柳色，悔教夫壻覓封侯。

西宮春怨

西宮夜靜百花香，欲捲珠簾春恨長。斜抱雲和深見月，朦朧樹色隱昭陽。

元稹、白居易之絕句、淺白俚俗。故每一篇出，人爭傳誦，然謂其爲大衆喜好則可，徑謂其爲好詩則不可：

見樂天　元　稹

通州到日日平西，江館無人虎印泥。忽向破簷殘漏處，見君詩在柱心題。

酬樂天醉別　前　人

前回一去五年別，此別又知何日回。好住樂天休悵望，譬如元不到京來。

商山歸驛桐樹昔與微之前後題名處　白居易

與君前後多遷謫，五度經過此路隅。笑問中庭老桐樹，這回歸去免來無。

邯鄲至除夜思家　前人

邯鄲驛裏逢冬至，抱膝燈前影對身。想得家中夜深坐，還應說着遠行人。

前列元白二家絕句，讀之一覽而盡，了無餘味，於婉轉迴環之致，曾無所及。與王維、李白、王昌齡諸作比較，實無由望其項背。此緣其標的爲淺白俚俗，而淺白俚俗正不宜於絕句。漢魏六朝小樂府，或不免卑俗、輕薄等作風，然至唐人，努力鍛鍊，加以美化，提高格調，遂臻於雅正。故絕句乃所謂「唯藝術唯美之文學體裁。」

五、文辭優美，音節響亮

至唐而歌唱漢魏六朝樂府之法漸亡。玄宗精通音樂，集李龜年、黃旛綽、雷海青等共論律呂，兼採胡樂，一代新聲遂起，而含新樂以歌者卽爲絕句。

「苕溪漁隱叢話」引「蔡寬夫詩話」云：「大抵唐人歌曲，不隨聲爲長短句，多是五言或七言詩，歌者取其辭與和聲相疊成音耳。予家有古涼州、伊州辭，與今遍數皆同，而皆絕句也。」

王士禎曰：「自唐開元天寶以來，宮掖所傳，黎園子弟所歌，旗亭所唱，邊將所進，率皆當時名士所爲絕句。由是言之，唐三百年絕句擅場，卽唐三百年之樂府也。」

可知絕句乃唐人之樂章，絕句淵源於古樂府，承襲其音樂使命亦自然之勢。爲便於歌唱，故文辭須清麗流暢。前已述及：絕句以尋常語言爲主，怪異、生澀之語皆不適宜，以其不流暢，不適宜音樂故也。又絕句講興趣、重韻味、一歸於雅正，乃緣清麗美妙之言辭，播諸管弦，易使聞之者入神，得一唱三歎之效果。唐詩之美在風華，而絕句尤以風華勝。爲便於歌唱，響亮之音節，更屬必須，審絕句聲律之特質凡三：

1. 平仄諧合，富變化而不入繁瑣。

2. 五言第一、三句末，七言第三句末爲仄。

3. 押平聲韻。

平仄諧合則聲有抑揚，富變化則不單調，不入繁瑣則易於記誦。若干句末爲仄，則收頓挫之緻。平聲之調，悠揚高朗，押平聲韻正收此效。蓋前句一頓，而此句發之，更見聲響之抑揚有緻。綜而觀之：凡此特質，莫不因歌唱而設也。

試以數首爲例：

清平調　李　白

雲想衣裳花想容，春風拂檻露華濃。若非群玉山頭見，會向瑤臺月下逢。

金陵圖　韋　莊

江雨霏霏江草齊，六朝如夢鳥空啼。無情最是台城柳，依舊煙籠十里隄。

寄人　張泌

別夢依依到謝家，小廊迴合曲闌斜。多情只有春庭月，猶爲離人照落花。

秋夕　杜牧

銀燭秋光冷畫屏，輕羅小扇撲流螢。天階夜色涼如水，坐看牽牛織女星。

覽之無不文辭優美，誦之無不音節響亮，極富音樂氣氛。

唐人絕句之特質，已見上述，或謂語近則易入於膚廓平滑；純爲抒情，則乏深意；講究興趣、韻味、空靈則易入於空洞；偏在柔婉，則乏剛健，凡此，皆其病也。其說誠有見地，其後宋詩即矯其弊，而以意爲主，且不避字句之怪澀。然其上承漢魏六朝，下開兩宋，風格獨立，垂則千古。非但於唐時，帝王公卿吟詠，伶人士女傳唱，壟斷三百餘年。即後世瞻仰其神彩內涵，亦不覺神入其中，與之共鳴，咨嗟詠歎而不能已。移人如此，其力可謂大且卓矣。故日人鹽谷溫於其「中國文學概論」曰「唐詩爲中國文學底精華，而七言絕句（按：五言亦與七言彷彿）又是唐詩中底精華。」

第三節　思想淵源

或謂：絕句本純用抒情，又何言其思想？曰情之抒也，必藉事與理，詩中敘事言理之目的在抒情，自不能不明其理。且唐人絕句中所寓之思想，爲吾國道佛二大思想之溶合，故須言之。

道家思想原於黃老，佛家思想則由外入。漢代詩人，其作品中均不免受其影響。魏晉以來，玄學大興，渡江之後，佛理尤盛。其時作家亦均受影響，唯深淺不同而已，孫綽、許詢、郭璞、支遁、慧遠、謝靈運其大著者也。

唐詩淵源於漢魏六朝，亦重玄理佛義。然唐之社會派作家，如張九齡、蘇頲、李華、杜甫、元結、元稹、白居易諸人。見兵連禍結，生靈塗炭，悲天憫人之胸懷，發而爲詩篇。字字句句皆歌生民之痛，此爲濟世救人之儒家思想可知，然其詩體率皆爲古詩樂府，見於絕句者極少，絕句所表現者多爲道佛思想，試舉數首討論之：

谿居　裴度

門徑俯清谿，茆簷古木齊。紅塵飛不到，時有水禽啼。

鹿柴　王維

空山不見人，但聞人語響。返景入深林，復照青苔上。

竹里館　前人

獨坐幽篁裏，彈琴復長嘯。深林人不知，明月來相照。

宴城東莊　崔敏童

一年又過一年春，百歲曾無百歲人。能向花中幾回醉，十千沽酒莫辭貧。

山中問答　　　　李　白

問余何事棲碧山，笑而不答心自閒。桃花流水杳然去，別有天地非人間。

蘇臺覽古　　　　前　人

舊苑荒臺楊柳新，菱歌清唱不勝春。只今惟有西江月，曾照吳王宮裏人。

諸詩所表現之境界，或爲幽閒、或爲曠達、或爲空寂，俱爲道佛之境。非但此也，唐人絕句大率以景達情，山水林泉本爲道家所追求。而於自然之中，遠離人世，不免空寂，此又與佛義合。故其境卽與道家之境暗合，詩人雖身在人群而托自然以起興，安得不涉及？

至於儒家思想之不宜於絕句，乃因諄諄敎誨，詳明細瑣之語，難於納入小巧篇章。且絕句最主在味，聖賢仁義之說，踏實厚重，爲治國平天下之實用語，而非動人性情、風神搖曳之藝術語，故罕及之。

第三章　題　材

絕句於唐時，作者最多，作品最衆，緣由其題材廣濶，可用之於多種場合。雖限於體制與特質，若干題材，如詠物、議論，歌詠生民之作等，不適此體。然生活上之種種感觸，非特已約略盡之，且以此體表達，其深度、韻味又往往非他體所能及。故普遍爲人喜愛，於此小小篇文章中顯露各方面之才華。今將其題材條述於後：

第一節　邊　塞

唐代武功最盛，太宗、高宗大啟疆宇，玄宗亦好開邊。後安史亂起，加以吐蕃、回紇入侵，戰火連年。戰爭中，爲國開邊，平定亂賊，英雄之氣慷慨豪邁，發於詩篇，其作風亦如之。然少壯行役戰場，老弱疲於轉漕，且父母倚閭，兄弟妻子離散，任爾英雄，亦不免悲涼。何況一般行役者，豈能無悽傷之思，哀轉之語發於詩篇，其作風亦如之。故邊塞之作，分豪壯與婉約二種。

一、豪壯之作，如：

塞下曲　盧綸

1.月黑雁飛高，單于夜遁逃。欲將輕騎逐，大雪滿弓刀。

2.野幕敞瓊筵，羌戎賀勞旋。醉和金甲舞，雷鼓動山川。

從軍行　王昌齡

1.青海長雲暗雪山，孤城遙望玉門關。黃沙百戰穿金甲，不破樓蘭終不還。

2.大漠風塵日色昏，紅旗半捲出轅門。前軍夜戰洮河北，已報生禽吐谷渾。

軍城早秋　嚴武

昨夜秋風入漢關，朔雲邊月滿西山。更催飛將追驕虜，莫遣沙場匹馬還。

哥舒歌　西鄙人

北斗七星高，哥舒夜帶刀。至今窺牧馬，不敢過臨洮。

二、婉約之作，如：

出塞　王昌齡

秦時明月漢時關，萬里長征人未還。但使龍城飛將在，不教胡馬渡陰山。

夜上受降城聞笛　李益

迴樂峯前沙似雪，受降城外月如霜。不知何處吹蘆管，一夜征人盡望鄉。

隴西行　陳陶

誓掃匈奴不顧身，五千貂錦喪胡塵。可憐無定河邊骨，猶是春閨夢裏人。

出塞（亦作涼州詞）　王之渙

黃河遠上白雲間，一片孤城萬仞山。羌笛何須怨楊柳，春風不渡玉門關。

從軍行　王昌齡

琵琶起舞弄新聲，總是關山離別情。撩亂邊愁彈不盡，高高秋月照長城。

三、婉約爲正宗

二者加以比較，婉約之作，非但作品較多，且其抒情亦較深刻，讀之愈易獲致共鳴。或有以此譏唐人無尙武精神，則甚迂濶，漢唐爲史上大國，無尙武精神，安能致此？英雄豪邁之氣與故園兒女之思，原爲並存之二種心情。自然道出，本於性情，益見其眞切，此猶楚霸王雖氣蓋一世，垓下不能不泣虞姬；小范老子身禦西夏，功勳彪炳，亦作哀婉思鄉之「漁家傲」也。

四、七言爲長

邊塞之作，以七言爲主，緣由七言調美聲長，更易委婉表達淋漓盡緻之情。

第二節 宮 閨

宮閨之作，乃以婦女之感受爲主題。或述宮閨中之恩寵歡樂，或述其中之哀怨與寂寥。

一、述恩寵歡樂者

集靈臺　張祜

1. 日光斜照集靈臺，紅樹花迎曉露開。昨夜上皇新授籙，太眞含笑入簾來。
2. 虢國夫人承主恩，平明騎馬入宮門。却嫌脂粉污顏色，淡掃蛾眉朝至尊。

近試上張籍水部　朱慶餘

洞房昨夜停紅燭，待曉堂前拜舅姑。妝罷低聲問夫婿，畫眉深淺入時無。

清平調　李白

1. 雲想衣裳花想容，春風拂檻露華濃。若非群玉山頭見，會向瑤臺月下逢。
2. 一枝紅艷露凝香，雲雨巫山枉斷腸。借問漢宮誰得似，可憐飛燕倚新粧。
3. 名花傾國兩相歡，長得君王帶笑看。解釋春風無限恨，沈香亭北倚闌干。

春宮曲　　王昌齡

昨夜風開露井桃，未央前殿月輪高。平陽歌舞新承寵，簾外春寒賜錦袍。

二、述哀怨寂寥者

西宮秋怨　　王昌齡

芙蓉不及美人妝，水殿風來珠翠香。却恨含情掩秋扇，空懸明鏡待君王。

長信秋詞　　前　人

1.金井梧桐秋葉黃，珠簾不捲夜來霜。熏籠玉枕無顏色，臥聽南宮清漏長。

2.眞成薄命久尋思，夢見君王覺後疑。火照西宮知夜飲，分明複道奉恩時。

後宮詞　　白居易

淚盡羅巾夢不成，夜深前殿按歌聲。紅顏未老恩先斷，斜倚熏籠坐到明。

贈內人　　張　祜

禁門宮樹月痕過，媚眼微看宿鷺窠。斜拔玉釵燈影畔，剔開紅燄救飛蛾。

春怨　　劉方平

紗窗日落漸黃昏，金屋無人見淚痕。寂寞空庭春欲晚，梨花滿地不開門。

爲有　　李商隱

為有雲屏無限嬌，鳳城寒盡怕春宵。無端嫁與金龜婿，辜負香衾事早朝。

秋月曲　王維

桂魄初生秋露微，輕羅已薄未更衣。銀箏夜久殷勤弄，心怯空房不忍歸。

宮詞　張祜

故國三千里，深宮二十年。一聲何滿子，雙淚落君前。

春怨　金昌緒

打起黃鶯兒，莫教枝上啼。啼時驚妾夢，不得到遼西。

玉階怨　李白

玉階生白露，夜久侵羅襪。却下水精簾，玲瓏望秋月。

春閨　張仲素

嫋嫋城邊柳，青青陌上桑。提籠忘採葉，昨夜夢漁陽。

三、五七言均見

此類作品，五言七言均見。五言輕巧細膩，七言淋漓盡緻，各有其美妙處。

四、哀婉之作意深

唐人宮闈之作，述歡好者，作品少而意稍淺。述哀怨者，作品多而意較深。能感動人心者，亦多在後者。往往，歡好竟爲哀怨之襯托，如白居易後宮詞「夜深前殿按歌聲」述他人之歡好，映襯已身之哀怨；王昌齡長信秋詞「分明複道奉恩時」述夢昔日之歡好，映襯今日之哀怨。尤以後宮之中「三千寵愛在一身」則冷落者更衆，故一面爲歡好，另一面卽爲哀怨。

宮闈本多情愫，何況宮人、怨女與思婦，其情懷更爲抑鬱難伸，幽渺深遠。故發之於專爲用於抒情之絕句，正合符節。因此，唐人絕句於宮闈方面，有極成功之表現，極精彩之作品。緣由詩人情感深刻敏銳，此類詩情爲大好材料。且宮闈之作，非但代人哀怨，亦可借辭自託，如前朱慶餘「近試上張籍水部」卽爲一例。用之旣廣，作之亦精且多。

「溫柔敦厚」爲三百篇詩教，唐人宮闈之作，正承襲之。勿論遭受何種冷落，唯自哀自怨，絕無一句憤怒之語，詈罵之辭，率皆溫柔蘊藉，一往情深。此爲最可貴之懷抱，若曰「可以興、可以觀、可以群、可以怨」誰云不宜？

第三節　別　離

「黯然銷魂者，唯別而已。」古人交通不便，一別卽或數年，故於別離之情體味尤深。唐代，讀書人大多出仕，武人大多效命邊疆。故辭鄉里、父母、妻子、朋友之時亦多。發於篇章，率多別離之辭，尤以朋友之間，意氣相投，互爲贈答，以抒知己之心，於作品中所佔分量最重。

其優美之作，如：

送別　王　維

山中相送罷，日暮掩柴扉。春草明年綠，王孫歸不歸？

送靈澈　劉長卿

蒼蒼竹林寺，杳杳鐘聲晚。荷笠帶斜陽，青山獨歸遠。

芙蓉樓送辛漸　王昌齡

寒雨連江夜入吳，平明送客楚山孤。洛陽親友如相問，一片氷心在玉壺。

黃鶴樓送孟浩然之廣陵　李白

故人西辭黃鶴樓，烟花三月下揚州。孤帆遠影碧山盡，惟見長江天際流。

贈別　杜　牧

多情却似總無情，惟覺樽前笑不成。蠟燭有心還惜別，替人垂淚到天明。

送元二使安西（渭城曲）　王　維

渭城朝雨浥輕塵，客舍青青柳色新。勸君更盡一杯酒，西出陽關無故人。

夜送趙縱　楊　炯

趙氏連城璧，由來天下傳。送君還舊府，明月滿前川。

南行別弟　韋承慶

澹澹長江水，悠悠遠客情。落花相與恨，到地一無聲。

九日送別　王之渙

薊庭蕭瑟故人稀，何處登高且送歸。今日暫同芳菊酒，明朝應作斷蓬飛。

別董大　高　適

十里黃雲白日曛，北風吹雁雪紛紛。莫愁前路無知己，天下誰人不識君。

暮春滻水送別　韓　琮

綠暗紅稀出鳳城，暮雲宮闕古今情。行人莫聽宮前水，流盡年光是此聲。

別離之作，七言較五言有味，亦緣於更能屈盡其情。試觀前述諸作，或祝福對方，或抒己胸襟，或同敍彼此之感觸，率皆出於至情。吟誦之，不覺意蕩神搖，不能自已。故別離之作，亦爲唐人絕句之極精彩者，遣詞造句，佈意謀篇，皆細膩深刻，盡婉轉迴環，一唱三歎之妙。

第四節　感　懷

人生有順境，亦不免有逆境，且不如意事十常八九，逆境往往居多。於逆境中，發抒心中抑鬱，長歌當哭，所作卽爲感懷。

其最著者，如：

過酒家　王績

此日長昏飲，非關養性靈。眼看人盡醉，何忍獨爲醒。

秋朝覽鏡　薛稷

客心驚落木，夜坐聽秋風。朝日看容鬢，生涯在鏡中。

秋風引　劉禹錫

何處秋風至，蕭蕭送雁群。朝來入庭樹，孤客最先聞。

題昔所見處　崔護

去年今日此門中，人面桃花相映紅。人面不知何處去，桃花依舊笑春風。

江樓書懷　趙嘏

獨上江樓思悄然，月光如水水如天。同來玩月人何在，風景依稀似去年。

遣懷　杜牧

落魄江湖載酒行，楚腰纖細掌中輕。十年一覺揚州夢，贏得青樓薄倖名。

諸詩或述身處亂世之迷茫，如王績詩。或述孤客之感懷，如劉禹錫詩。或述流光之飛逝，如薛稷詩。或述物是人非，如崔護、趙嘏詩。或述覺醒花叢之感受，如杜牧詩。皆爲人心中某種情感，且失意者居多，故吾人讀之，有深度親切感，亦如道出胸中不平事。不覺咨嗟詠歎，對彼產生濃厚之同情。

而諸作者，雖於失意之中，亦不廢溫厚之旨。此乃長久爲詩教薰陶所成，鍾嶸曰：「使窮賤易安，幽居靡悶，莫尙於詩矣。」有味哉，斯言。

第五節　自　然

人本有親近自然之天性，於事務煩忙之後，享受一回山水林泉之樂，非但恢復精神，亦且調劑性靈。古來歌詠自然之作甚多，如謝靈運、陶淵明且將大部精神投注於其中。唐人絕句亦不例外，佳作極多

鹿　柴　　　　王　維

空山不見人，但聞人語響。返景入深林，復照青苔上

欒家瀨　　　　前　人

颯颯秋雨中，淺淺石溜瀉。跳波自相濺，白鷺驚復下。

宿建德江　　　　孟浩然

移舟泊煙渚，日暮客愁新。野曠天低樹，江清月近人。

春曉　　　　前　人

春眠不覺曉，處處聞啼鳥。夜來風雨聲，花落知多少。

獨坐敬亭山　李白
衆鳥高飛盡，孤雲獨去閒。相看兩不厭，只有敬亭山。
憶東山　前人
不向東山久，薔薇幾度花。白雲還自散，明月落誰家。
欒家瀨　裴迪
瀨聲喧極浦，沿涉向南津。泛泛鳧鷗渡，時時欲近人。
桃花谿　張旭
隱隱飛橋隔野烟，石磯西畔問漁船。桃水盡日隨流水，洞在清溪何處邊。
滁州西澗　韋應物
獨憐幽草澗邊生，上有黃鸝深樹鳴。春潮帶雨晚來急，野渡無人舟自橫。
過鄭山人所居　劉長卿
寂寂孤鶯啼杏園，寥寥一犬吠桃源。落花芳草無尋處，萬壑千峯獨閉門。
暮春歸故山草堂　劉長卿
谷口春殘黃鳥稀，辛夷花盡杏花飛。始憐幽竹山窗下，不改清陰待我歸。
江村卽事　司空曙
罷釣歸來不繫船，江村月落正堪眠。縱然一夜風吹去，只在蘆花淺水邊。

山水之作，以五言居勝，澄澈靈巧，不可湊泊，七言亦有極佳者。

綜觀前列諸作，均以山水林泉之幽靜，塑造作者胸中閒適之境界。乍觀均爲歌詠山水，細味之，首首皆有寓意。故唐人寫景，乃以己之靈性投射於山水，把握山水之反映，著於篇章，所謂「以我觀物，物皆着我色彩」也。

非僅山水之作，表現自然。緣唐人多以景達情，故隨意詩篇，每有景緻之描寫，本身卽單獨成一境界，甚有可觀。王夫之卽云：「古人絕句多景語……而情寓其中。」例如：杜甫武侯廟：「遺廟丹靑落，空山草木長。猶聞辭後主，不復臥南陽。」爲懷想諸葛亮忠貞之高節而作，其中「空山草木長」卽爲山水語，然非在寫山水，乃以此句表諸葛亮卒世已久，於此僅見草木空長而已。又如杜牧宮怨：「監宮引出暫開門，隨例雖朝不是恩。銀鑰却收金鎖合，月明花落又黃昏。」爲憐憫宮妃之軟禁深宮，空度歲月而作。其中「月明花落又黃昏」爲景語，亦非在言景，乃以滿宮月明，空庭落花，寫宮妃心底之淒涼。

故寫景之精深細膩，當推唐人獨步。

第六節　詠物與時令

一、詠　物

唐詩重在言情，詠物之詩甚少，然寄言情於詠物者則多見，如：

曲池荷　盧照鄰

浮香繞曲岸，圓影覆華池。常恐秋風早，飄零君不知。

江雪　柳宗元

千山鳥飛絕，萬徑人蹤滅。孤舟簑笠翁，獨釣寒江雪。

終南望餘雪　祖詠

終南陰嶺秀，積雪浮雲端。林表明霽色，城中增暮寒。

左掖梨花　丘為

冷艷全欺雪，餘香乍入衣。春風且莫定，吹向玉階飛。

石井　錢起

片霞照石井，泉底桃花紅。那知幽石下，不與武陵通。

山館　皇甫冉

山館長寂寂，閒雲朝夕來。空庭復何有，落日照青苔。

諸詩除祖詠一首，偏於客觀詠物外，均寓寫物以寫內心之感受，故均有主題。王夫之曰：「詠物詩齊梁始多有之，其標格高下，猶畫之有匠作，有士氣。徵故實、寫色澤、廣比譬，雖極鏤繪之工，皆匠氣也……至盛唐以後，始有卽物達情之作，自是寢園春薦後，非關御苑鳥銜殘，貼切櫻桃，而句皆有意。」

二、詠時令

詠時令之詩，亦頗同於詠物，以有寓意爲佳：

寒食　　韓翃

春城無處不飛花，寒食東風御柳斜。日暮漢宮傳蠟燭，輕烟散入五侯家。

秋夕　　杜牧

銀燭秋光冷畫屏，輕羅小扇撲流螢。天階夜色涼如水，坐看牽牛織女星。

已涼　　韓偓

碧闌干外繡簾垂，猩色屏風畫折枝。八尺龍鬚方錦褥，已涼天氣未寒時。

雜詩　　佚名

近寒時雨草萋萋，著麥苗風柳映隄。等是有家歸未得，杜鵑休向耳邊啼。

春思　　賈至

草色青青柳色黃，桃花歷亂李花香。東風不爲吹愁去，春日偏能惹恨長。

由詠物詠時之賦有寓意，可體味唐詩重於抒情之特性。

第七節 旅遊

旅遊之作，專寫旅遊在外之種種景緻與感受，有類於文章之遊記，優美作品，如：

陪侍郎叔遊洞庭醉後作　李白

剗却君山好，平鋪湘水流。巴陵無限酒，醉殺洞庭秋。

登鸛雀樓　王之渙

白日依山盡，黃河入海流。欲窮千里日，更上一層樓。

江行無題　錢起

穩睡葉舟輕，風微浪不驚。任君蘆葦岸，終夜動秋聲。

初至巴陵與李十二白同泛洞庭湖　賈至

楓岸紛紛落葉多，洞庭秋水晚來波。乘興輕舟無近遠，白雲明月弔湘娥。

同金壇令武平一遊湖　儲光羲

花潭竹嶼傍幽蹊，畫檝浮空入夜溪。芰荷覆水船難進，歌舞留人月易低。

旅次寄湖南張郎中　戎昱

寒江近戶漫流聲，竹影當窗亂月明。歸夢不知湖水濶，夜來還到洛陽城。

客中作　李白

蘭陵美酒鬱金香，玉碗盛來琥珀光。但使主人能醉客，不知何處是他鄉。

楓橋夜泊　張繼

月落烏啼霜滿天，江楓漁火對愁眠。姑蘇城外寒山寺，夜半鐘聲到客船。

題金陵渡　張祜

金陵津渡小山樓，一宿行人自可愁。潮落夜江斜月裏，兩三星火是瓜州。

上列諸作，有一共同特質，即寫景精巧工緻。如「白日依山盡，黃河入海流」，「寒江近戶漫流聲，竹影當窗亂月明」，「月落烏啼霜滿天，江楓漁火對愁眠」，「潮落夜江斜月裏，兩三星火是瓜州」均極見工夫。

他鄉雖樂，不如早歸，此爲安土重遷社會之思想。見之於邊塞，亦見之於旅遊，故諸作之中，多不免「愁」意「愁」字，此亦爲一特色。

第八節　贈答

贈答之作，顧名思義，即彼此之酬答，緣由出於至性，佳作頗多：

聽江笛送陸侍御　韋應物

遠聽江上笛，臨觴一送君。還愁獨宿夜，更向郡齋聞。

寄韋秀才　李群玉

荆臺蘭渚客，寥落共含情。空館相思夜，孤燈照雨聲。

秋夜寄邱員外　韋應物

懷君屬秋月，散步詠涼天。空山松子落，幽人應未眠。

贈花卿　杜甫

錦城絲管日紛紛，半入江風半入雲。此曲祇應天上有，人間能得幾回聞。

江南逢李龜年　前人

岐王宅裏尋常見，崔九堂前幾度聞。正是江南好風景，落花時節又逢君。

陌上贈美人　李白

駿馬驕行踏落花，垂鞭直拂五雲車。美人一笑褰珠箔，遙指紅樓是妾家。

寄揚州韓綽判官　杜牧

青山隱隱水迢迢，秋盡江南草未凋。二十四橋明月夜，玉人何處教吹簫。

贈別　杜牧

娉娉嫋嫋十三餘，豆蔻梢頭二月初。春風十里揚州路，捲上珠簾總不如。

此體不若他體爲個人之發抒，既爲贈答，已包含彼此。故抒情必爲眞切，否則難得對方之共鳴。讀諸詩，或爲諷諫（贈花卿），或爲讚美（陌上贈美人、贈別），或因物起興（聽江笛送陸侍御），或因時起興（秋夜寄邱員外）或因地起興（江南逢李龜年），或述彼此之思念（寄韋秀才）所含多端。然其情均深摯悠遠，以此可見唐代社會之淳厚。

第九節　懷　古

懷古之作，乃因物憑弔古人，寄其物是人非之慨歎，佳作亦多：

行　宮　　元　稹

寥落古行宮，宮花寂寞紅。白頭宮女在，閒坐說玄宗。

銅雀臺　　劉廷琦

銅臺宮觀委灰塵，魏主園林漳水濱。即今西望猶堪思，況復當時歌舞人。

蘇臺覽古　　李　白

舊苑荒臺楊柳新，菱歌清唱不勝春。只今惟有西江月，曾照吳王宮裏人。

石頭城　　劉禹錫

山圍故國周遭在，潮打空城寂寞回。淮水東邊舊時月，夜深還過女牆來。

烏衣巷　　前　人

朱雀橋邊野草花，烏衣巷口夕陽斜。舊時王謝堂前燕，飛入尋常百姓家。

赤壁　杜牧

折戟沉沙鐵未銷，自將磨洗認前朝。東風不與周郎便，銅雀春深鎖二喬。

金谷園　前人

繁華事散逐香塵，流水無情草自春。日暮東風怨啼鳥，落花猶似墮樓人。

隋宮　李商隱

乘興南遊不戒嚴，九重誰省諫書函？春風舉國裁宮錦，半作障泥半作帆。

金陵圖　韋莊

江雨霏霏江草齊，六朝如夢鳥空啼。無情最是台城柳，依舊烟籠十里隄。

西施石　樓穎

西施昔日浣沙津，石上青苔思殺人。一去姑蘇不復返，岸傍桃李爲誰春。

諸詩大多爲懷想昔日英雄、美人、名士，當時卓卓超人，風雲際會。然經歲月之淘洗，均已化作塵埃。而古蹟尚在，睹物思人，哀吾生之須臾，嘆宇宙之無窮，不免愴然泣下。此爲道釋思想之代表，已甚顯明。因人命之不永，時勢之無常，故得意不可盡歡，否則如石崇、隋煬帝不得善終，徒授後人話柄。故懷古之作，諷諫之意味甚濃。

懷古作品中，多採用對照之法，以昔日之繁華顯赫，與今日之淒涼沉寂互相對照，益顯出榮華人命之不久長。

第十節　樂府題

唐人絕句與漢魏六朝樂府關係異常密切，且絕句可歌，實卽唐人之樂府。故甚多名家，以古樂府命題，此爲一大特色。例如：

長干曲　崔顥

君家在何處，妾住在橫塘。停舟暫借問，或恐是同鄉。

按：長干行，郭茂倩「樂府詩集」入雜曲，古辭云：「逆浪故相邀，菱舟不怕搖。妾家揚子住，便弄廣陵潮。」

玉階怨　李白

玉階生白露，夜久侵羅襪。却下水精簾，玲瓏望秋月。

按：玉階怨爲樂府相和歌辭楚調曲，南朝齊謝朓作玉階怨：「夕殿下珠簾，流螢飛復息。長夜縫羅衣，思君此何極。」

江南曲　李益

嫁得瞿塘賈，朝朝誤妾期。早知潮有信，嫁與弄潮兒。

按︰江南曲屬樂府相和歌辭相和曲。

淥水曲　李　白

淥水明秋月，南湖採白蘋。荷花嬌欲語，愁殺蕩舟人。

按︰淥水曲樂府屬琴曲歌辭。

出塞　王昌齡

秦時明月漢時關，萬里長征人未還。但使龍城飛將在，不教胡馬渡陰山。

按︰出塞出於樂府橫吹曲辭漢橫吹曲。

亦有模仿樂府，自製新曲，而命以樂府題，如涼州詞、清平調、雨霖鈴、金縷衣。或者採自民間，加以修飾，亦有本其精神重新寫作如同古樂府之制，如竹枝。

涼州詞　王　翰

葡萄美酒夜光杯，欲飲琵琶馬上催。醉臥沙場君莫笑，古來征戰幾人回。

按︰涼州詞爲樂府近代曲辭，郭茂倩云「樂苑曰︰涼州，宮調曲，開元中，西涼都督府郭知遠進。」

清平調　李　白

雲想衣裳花想容，春風拂檻露華濃。若非群玉山頭見，會向瑤臺月下逢。

按︰清平調爲樂府現代曲辭，郭茂倩謂開元中唐玄宗命李白作清平調辭三章。

雨霖鈴　　張祜

雨霖鈴夜却歸秦，猶是張徽一曲新。長說上皇垂淚教，月明南內更無人。

按：雨霖鈴屬樂府近代曲辭，郭茂倩引「明皇別錄」「樂府雜錄」所記，謂爲唐玄宗所製。

金縷衣　　杜秋娘

勸君莫惜金縷衣，勸君惜取少年時。花開堪折直須折，莫待無花空折枝。

按：金縷曲爲樂府近代曲辭。

竹枝　　劉禹錫

巫峽蒼蒼煙雨時，清猿啼在最高枝。箇裏愁人腸自斷，由來不是此聲悲。

按：竹枝樂府列於近代曲辭，郭茂倩曰：「本出於巴渝。唐貞元中，劉禹錫在沅湘，以俚歌鄙陋，乃依騷人九歌作竹枝新詞九章，教里中兒歌之，由是盛於貞元元和之間。」

細賞諸詩，非但題目爲樂府，卽內容與風格亦與樂府彷彿，甚至有以新詞寫樂府題意，如玉階怨、長干曲、出塞等，此爲絕句出於樂府之確切證據。

上述十種題材，不過約略分之，並非十種之外，無其他題材（他如詠神仙者，如李商隱之嫦娥、瑤池。歌宴樂者，如崔敏童之宴城東莊、王昌齡之李倉曹宅夜飮。應制者如宋之問苑中遇雪應制，沈佺期奉和幸韋嗣立山莊應制）然大率以此十類量多而質精，最可見唐絕句之大觀。而十類之中，又以前五類——邊塞、宮闈、別離、感懷、自然爲最著。

若干作品，非可硬性歸類，每兼二種以上題材，如邊塞與宮闈，別離與感懷，自然與旅遊等，且十類之中亦每有性質極相關者，故亦不必勉强。詩道乃在抒性情，性情即渾融天成，今所以分十類者，便於有條理之敍述而已。

第四章　作　法

唐人絕句於文學界之地位甚爲高卓。其內涵豐富，其本質獨異。究竟如何成此風神英爽之作，必有法存焉。探究詩法，不惟習作其體，可爲參考。其最大之用處乃在明其法，則明唐人之苦心所居，得與古人精神互感。欣賞其作，自必益加深刻。今爰就鍊字、鍊句、謀篇、鍊意、用事五項述之，至於用韻與調平仄，則另於聲調部分見之。

第一節　鍊　字

一、緒　論

鍊字之法，宋人論之最精。洪邁「容齋續筆」載王安石絕句「春風又綠江南岸」，鍊一「綠」字，初云「到」，改爲「過」，又改爲「入」，改爲「滿」，凡十餘易始定爲「綠」。「容齋詩話」又云杜甫詩用「受」字，如「輕燕受風斜」「莫受二毛侵」「修竹不受暑」；用「覺」字，如「更覺老隨人」「無人覺來往」「梅花欲開不自覺」，其法均絕奇。葉少蘊「石林詩話」亦云：「詩人以一字爲工，世固知之。惟老杜變化開闔，出奇無窮，殆不可以形迹捕。如『江山有巴蜀，棟宇自齊梁』。遠近數千里，上下數千年。只在有與自兩字間，而呑納山川之氣，俯仰古今之懷，皆見於言外。」

宋人重杜甫，大多潛心於杜詩，其實各家作詩，鍊字乃爲基礎，未有不重視者。尤以絕句篇幅短小，欲從容達情寫意，不鍊字焉能美好？

王維鳥鳴澗詩，寫春山寂靜之境：「月出驚山鳥，時鳴春澗中」。一「驚」字，即將鳥心本亦靜，不料有他，月光一照，不覺爲之一驚之情況寫出，更明顯襯出空山之寂靜。李建勳宮詞云：「宮門長閉舞衣寒，略識君王鬢已斑」，一「略」字寫出宮嬪之空渡歲月，含情無奈。又如同一月色，王昌齡出塞云「秦時明月漢時關」，寫出塞外廣濶，萬里在目，故用「明」字。裴迪臨湖亭云「孤月正徘徊」，寫出夜裏無他人，惟有自身遊景，舉頭見月，故用「孤」字。韓偓述閨怨之詩云「澹月照中庭」，寫出人無聊賴，月亦似無精神，故用「澹」字。一字之卓，精神百倍。凡此俱見鍊字之效。

唐人絕句鍊字之法，約略言之如后：

二、鍊字法

㈠主在平淡，不貴奇澀，不偏重來歷：前已述及，唐人絕句之長處，乃以尋常語言，求絃外音，味外味。不若宋人務爲奇巧，不避怪澀，且用字必講來歷。唐人務求平淡，如：

野曠天「低」樹，江清月「近」人。（孟浩然宿建德江）

別後「冷」山月，清猿無斷時。（儲光羲江南曲）

山月曉「仍」在，林風涼不絕。（王縉別輞川別業）

空館相思夜，孤燈「照」雨聲。（李群玉寄韋秀才）

乍看字字平淡似不曾鍊字，然極深之工夫已寓其中：非「天低樹」，不足以寫野曠，非「月近人」不足以寫江清。非「冷」字，不足以寫別後之心情。非「仍」字，不足以寫山水之依依。非「照」字，不足以寫孤燈對雨之寂寞。卽此可見「低」、「近」、「冷」、「照」字，鍊鑄之工。此乃由極度之絢麗返而趨之平淡，故有渾融自然之態。

卽極尋常之字辭，如「稚子牽衣問」（杜牧歸家）「牽」字若易以意義相近之「拉」「扯」「拖」「捉」「挽」諸字，亦無不通，然情味則迥異。「千山鳥飛絕」（柳宗元江雪）「絕」字，若易以意義相近者，如「盡」「斷」「畢」，似亦可通，峻峭則遠不及。故易以他字，方見此字之工，此唐人絕句鍊字之自然含蓄，不露筋骨處。

黃庭堅與洪甥駒父書云：「自作語最難，老杜作詩，退之作文，無一字無來處」。又云：「古之能爲文章者，眞能陶冶萬物。雖取古人之陳言，入於翰墨，如靈丹一粒，點鐵成金也。」此爲宋人通論，鍊字重來歷。然用之於唐人則不然，唐人自不避來歷，劉禹錫謂宋考功詩「馬上逢寒食，春來不見餳」，因疑六經無餳字而不安，後見毛詩有瞽注有此字乃安。宋祁亦云：「夢得作九日詩，欲用餻字，思六經無此字，不復用。」卽爲其例。然唐人有來歷者用之，無來歷者亦用之，順乎自然，不若宋人之斤斤計較。唐詩如此，絕句尤甚。

讀唐人絕句，如清水芙蓉，自然可愛。緣其有來歷之字少，自鑄之詞多。讀者不必別有負擔，直接於字句之間，即可得情感之共鳴，品嚐無盡之韻味。

(二)下字須雅：絕句之特質在雅正，求美爲一大標的，（已於本質論述及），故下字無不雅正，即或兒女之思亦然。

「夢裏君王近」（劉方平長信宮）一「近」字有雅緻。

「銅雀春深鎖二喬」（杜牧赤壁），下一「鎖」字則雅。

「西施醉舞嬌無力，笑倚東窗白玉牀」（李白口號吳王美人半醉）下一「倚」字則雅。

上列諸句，若易以淫褻字眼，則美感盡失，有違風人之旨。善夫「師友詩傳錄」之言：「詩雅道也，擇其言尤雅者爲之可耳。而一切涉纖、涉巧、涉淺、涉俚、涉佻、涉詭、涉淫、涉靡者，戒之如避酖毒可也。」

(三)鍊字大多在動詞、形容詞、副詞：以此三種詞性，於句中俱有主動（動詞）及左右（形容詞、副詞）之特性，若其靈活則整句皆無滯礙。故詩人每着意鍛鍊之。上述諸詩，

鍊在動詞者，如：野曠天「低」樹，江清月「近」人，孤燈「照」雨聲，夢裏君王「近」，月出「驚」山鳥，笑「倚」東窗白玉牀，稚子「牽」衣問。

鍊在形容詞者，如：秦時「明」月漢時關，「孤」月正徘徊，「澹」月照空庭。

鍊在副詞者，如：山月曉「仍」在，千山鳥飛「絕」，「略」識君王鬢已斑。

第二節　鍊　句

句爲字所集成，若整句不佳，徒一二字清麗，亦不足以言佳。句又爲篇之基礎，若有一句敗筆，全篇卽受影響。故鍊句所以接收鍊字之成果，所以肇謀篇之端，其重要性自不待言。然鍊句當由認識句式、節奏、語法開始，方知唐人於絕句如何巧妙鍊句，於短短五字或七字中充分表達性情，且帶無窮之韻味。

一、句　式

昔人研究詩之句式率爲零瑣片斷，近人王力氏於其「漢語詩律學」中，說明近體詩之句式，其法係分析句中各種詞類及顏色字、數目字、繁雜排列之情形，甚爲細密完備，試略述之

㈠五　言

1簡單式：計分二十九大類，六十小類，一百零八大目，一百三十五細目。如第一大類爲「前四字爲名詞語，末字爲形容詞或不及物動詞」，第一小類爲「第三、四句爲平行語者」，第一大目之結構爲「形容詞修飾名詞——平行名詞」，例句如「舊國雲山在，新年風景餘」（李頎送人歸）。

2.複雜式：計分四十九類，八十九小類，一百二十三大目，一百五十細目。如第一大類爲「前四字爲句子形式末字爲謂語」，第一小類爲「第一字爲主語」，第一大目之構造爲「名詞——動詞——名詞修飾名詞——形容詞」，例句如：「鶴巢松樹遍，人訪蓽門稀」（王維山居）。

3.不完全句：計分十七大類，五十四小類，一百零九大目，一百十五細目。如第一大類爲「前二字爲名詞語，後三字爲句子形式」，第一小類爲「後三字爲名詞語帶謂詞語」，第一大目爲「名詞修飾名詞——專名修飾名詞——形容詞」例句如：「秋風楚竹冷，夜雪鞏梅春」（杜甫送孟十二）。

以上爲五言句式，細目計達四百，據王氏云尚不止此數。七言句式由五言延長而成，其數目又超過五言數倍。可知近體詩句式之複雜，故其變化亦多。

二、節　奏

(一)五　言

王氏又將五言四百句式，依意義上之節奏，分爲九種，此與古人之「上若干下若干」（如詩人玉屑列五言上三下二，七言上五下二）之研究方式相同，故詳列之，各錄二例爲證。

1.二——二——一，例：蟬聲——集——古寺。鳥影——度——寒塘（杜甫和裴迪）。

2.二——二——一，例：明月——松間——照。清泉——石上——流（王維山居秋暝）。

3.一——二——二，例：色——因林——向背。行——逐地——高卑（李頎籬笋）。

4. 一三一，例：幸—因腐草—出。敢—近太陽—飛（杜甫螢火）。
5. 一一三，例：綠—垂—風折筍。紅—綻—雨肥梅（杜甫陪鄭廣文）
6. 二三，例：欲歸—群鳥亂。未去—小童催（杜甫晚晴）。
7. 三二，例：海鷗知—吏傲。砂鶴見—人衰（劉長卿酬張夏）。
8. 四一，例：鶴巢松樹—遍。人訪華門—稀（王維山居）。
9. 一四，例：味—豈同金菊。香—宜配綠葵（杜甫佐還山後）。

雖分為九類，然常用者僅為6.二三、1.二二一、2.二二一等三類。

㈡七　言

七言王氏不列，今依其例，列常用者如后：

1. 四三　如：少小離家—老大回。鄉音無改—鬢毛衰（賀知章回鄉偶書）。
2. 二二三如：名花—傾國—兩相歡（李白清平調）。
月落—烏啼—霜滿天（張繼楓橋夜泊）。
3. 二五　如：黃河—遠上白雲間。春風—不度玉門關（王之渙出塞）。
4. 三四　如：故人家—在桃花岸（常建三日尋李九莊）。
昨夜風—開露井桃（王昌齡春宮曲）。

三、語　法

王力氏分析近體詩語法，計爲二十三類，摘要述之如后：

㈠詞之變性：有名詞作動詞用，如寧問春將「夏」。有名詞作形容詞用，如梅柳渡江「春」。有動詞作形容詞用，如淚逐「勸」杯下。有形容詞作動詞用，如疏鐘「清」月殿。有動詞作副詞用，如同調「嗟」誰惜。

㈡倒裝倒字法：如春日繁魚鳥（杜甫暮春陪李，爲「春日魚鳥繁」之倒）竹喧歸浣女（王維山居秋暝，爲「竹喧浣女歸」之倒。）

㈢省略法：有略姓名者，如魯連功未報（王維送崔二，本應是魯仲連）。略「於」字，如日出寒山外（杜甫客亭，本應作「日出於寒山之外」）。略「則」「而」字，如散逐海潮還北山（劉長卿秋夜，本應作「散則逐海潮而還」）。有略「而」字，如南山晴有雪（儲光義秦中送人，本應作「南山晴而有雪」）。有略「是」字，如而今白髮翁（杜甫九日登高，本應作「而今是白髮之翁」）。有略「有」字，如河間雙白鶴（杜甫獨立，本應作「河間有雙白鶴」）。有略動詞，如古牆猶竹色（杜甫滕王亭子，本應作「古牆猶存竹色」）。詩又省略大量虛字，如也、矣、乎，耳、耶、歟、言、云、載、聿、匪、惟。

㈣近體虛字：新由語言中吸收許多虛字，爲古體及散文所無。如寧戚飯牛成「底」事（元稹放言），「爭」教紅粉不成灰（白居易燕子樓），教妾「若」爲容（杜荀鶴春宮怨），「生」憎柳絮白於緜（杜甫送六侍御入朝），自領閑司「了」無事（張籍贈王秘書），「却」看妻子愁何在，「漫」卷詩書喜欲狂（杜甫聞官軍收河南河北），「渾」欲不勝簪（杜甫春望），「耐可」機心息（劉長卿赴宜州），「可能」三徑草（葉夢得懷西山），強欲從「無那」老（王維酬郭給事），「遮莫」江頭柳色遮（鄭谷曲江紅杏）「取次」莫論兵（杜甫送元二適江左）

㈤其他獨有句式，如判斷句、描寫句、遞繫式、使成式、處置式、被動式、按斷式、申說式、原因式、條件式、容許式、句子轉成名詞語、名詞語、十字句和十四字句等，均與古體詩及散文不同。

四、鍊句法

由句式、節奏、語法之探尋，可以得絕句鍊句之法：

㈠精簡：絕句之篇幅最小，造句不容滯累，一滯累則無「彈丸脫手」「一氣呵成」之妙。因此，閒散字眼必勇於剔除，方見洗鍊之工。前述「省略法」，即大量剔除在古體及散文中，較爲次要之語助詞、介詞。進而形容詞、副詞，甚至人名、動詞亦有省略者，「言簡而意不遺」（梅聖俞語），爲精簡之原則。

㈡富變化：篇幅既小，所欲表達之內涵又多，故須於其中力求變化，方能勝任。前述五言句法在四百以上，七言更衆，節奏更爲流蕩不羈。作者隨需要而選擇運用之痕迹，可謂甚爲明顯。且句可倒裝，字可倒置，安排之間甚為方便，詞性流轉多端，運用之靈活均可見。總之：絕句之句法，已極變化之妙。

㈢創新：絕句所用之虛字，多新由語言中取得。自詩經已來，至漢魏所習用之虛字，大多廢棄不用。且獨創句式甚多，迥異於古體與散文。可見唐人創新之魄力，尤以溶入語言一項，乃秉承音樂使命而然，令絕句以新姿態出現，為廣大之群衆所喜愛。

緣由絕句鍊句之精簡、富變化、創新，故造就之篇章具有獨特之風格，純為唐人面目，其不朽之價值卽在此。

㈣鍊句之原則：以自然工鍊為宗，表現於外者為清麗流暢。

繆鉞曰：「唐人佳句，多渾然天成」見解頗深，試摘唐人絕句數句與宋人比較，卽可了然。

唐人句法

撩亂邊愁彈不盡，高高秋月照長城。（王昌齡從軍行）

斜抱雲和深見月，朦朧樹色隱昭陽。（王昌齡西宮春怨）。

羌笛何須怨楊柳，春風不度玉門關。（王之渙涼州詞）

兩岸聲猿啼不住，輕舟已過萬重山。（李白早發白帝城）

正是江南好風景，落花時節又逢君。（杜甫江南逢李龜年）。

宋人句法

桑條索漠楝花繁，風斂餘香暗度垣。（王安石書湖陰先生壁）

泉響風搖蒼玉佩，月高雲插水晶梳。（黃庭堅觀化）

近人積水無鷗鷺，時有歸牛浮鼻過。（黃庭堅病起荆江亭卽事）

秋牀歸臥不緣愁，病與衰謀作老仇。（陳師道絕句）

遙知詩力生春草，一抹江梅趁眼開。（陳師道次韻黃無悔惜梅）

二者比較，宋人詩句均力避凡近，不肯用一般言語，讀之須稍思考方可明白。唐人詩句均爲凡近語，一讀卽可明白，且琅琅上口，極爲流暢。蓋二者風格不同所致。

第三節 謀篇

一、緒論

鍊字所以鍊句，鍊句所以成篇。篇爲字句之集成，詩篇佳，字句必佳，四溟詩話云：「精鍊成章，自無敗句」。反之，若詩篇不佳，卽或有一二警字秀句，亦不發生作用，故詩人必重謀篇。

未言謀篇之前，須明白絕句特有之宗旨：一篇只達一個完整獨立之意旨。四句之中，不論議論、敍事、寫景均須以此意旨爲中心，如衆星之拱北辰。故絕句如一有機體，由各分子結爲一體，緊密無缺，呈現着活躍之生命。明白此宗旨，始克言謀篇。

如李商隱滯雨：「滯雨長安夜，殘燈獨客愁。故鄉雲水地，歸夢不宜秋。」全詩乃寫滯雨長安不得歸家之心情。異鄉滯雨，獨對殘燈發愁，正愁不能歸去，故鄉多雲水，不堪於秋後夢歸，則思歸之心情深且摯矣，四句均爲此一主題而發。

二、謀篇法

唐人絕句之謀篇，以元楊載「詩法家數」言之最精：

「絕句之法，要婉轉廻環，删蕪就簡，句絕而意不絕。多以第三句爲主，而第四句發之。大抵起承二句固難，然不過平直敍起爲佳，從容承之爲是。至於婉轉變化之工夫，全在第三句，若於此轉變得好，則第四句如順水推舟矣。」

爲方便說明計，分一二句爲一組，三四句爲一組：

㈠一二句，相當於文章之起承階段，故以「平直敍起爲佳，從容承之爲是」，例如：

山房春事　岑　參

梁園日暮亂飛鴉，極目蕭條三兩家。庭樹不知人去盡，春來還發舊時花。

朱寶瑩「詩式」曰：「題以梁園爲主，故開首二字點明。日暮亂飛鴉，見廢園無人，日方暮時，祇見群鴉亂飛而已（案：卽『平直敍起』）二句言極目力之所望，宮觀固無存者，卽廬舍亦圮盡，但見一種蕭條之狀，所餘者三兩家而已，此承上日暮亂飛鴉五字也（案：卽『從容承之』）」大致絕句均採此法。

㈡三四句

1三句爲主、四句爲輔

三四句，此爲絕句最大關鍵，四溟詩話曰：「絕句則先得後兩句」，可爲一證，其中又以第三句爲主。李漁叔師「詩學研究」闡述第三句之法，最爲詳盡，今依其意旨，試加論述：

名家之絕句，得力均在第三句，而以第四句發之，如有未合，必生弊病，如李白越中覽古

越王勾踐破吳歸，義士還家盡錦衣。宮女如花滿春殿，只今惟有鷓鴣飛。

漁叔師曰：「全詩從破吳還家至宮女滿殿，極道繁華之境，照理應當從此處打住。如一人說話然，說完一段，須略加收煞。而此句以下，忽然驟接「鷓鴣飛」句，未免太快。蓋春殿而飛鷓鴣，乃表示越既勝吳，轉瞬成空，舊時宮殿，至今已夷爲廢墟矣。如此接法，遂覺毫無迴旋餘地，上三句遂成一節，宮女如何既無着落，結語幾完全爲單句，如此卽不成章法。」

試讀前作，卽覺主題不明顯，獨立完整之意旨表達不清，若主言越宮之繁華，而末句歸於虛無灰滅；若主言霸業不足恃，則前三句舖敍繁華太多，予人以欲罷不能之感覺，末一句遂覺孤單寡力。究其弊病，卽第三句安排不當，轉折不及時。

又讀前舉岑參梁園卽事，其精彩處卽在第三句「庭樹不知人去盡」。若無此句，梁園卽已寫完，然純爲寫景，了無意義，亦無韻味。而此句乃鈎出梁園之精神——人。故又另起一筆，波瀾詭譎，意義韻味，卽寓其中。於此可見第三句關係之重。

至於第四句，實爲第三句之說明，三四句相當於文章之「轉」「合」，蓋須如此安排，氣脈方能貫通，有機體始具有活躍之生命也。試列數詩三四句，明顯可見：

自把玉釵敲砌竹，清歌一曲月如霜。（高適聽張立本女吟）
黃沙百戰穿金甲，不破樓蘭終不還。（王昌齡從軍行）
桃花潭水深千尺，不及汪倫送我情。（李白贈汪倫）
欲掃柴門迎遠客，青苔黃葉滿貧家。（劉長卿酬李穆見寄）
寒天暮雪空山裏，何處蠻家是主人。（韓翃送客貶五溪）

2.第三句之作法

至於第三句之作法有二：其一爲承上而言，其二爲另起一筆。如：

春夜洛城聞笛　李　白
誰家玉笛暗飛聲，散入春風滿洛城。此夜曲中聞折柳，何人不起故園情。

七里灘重送　劉長卿
秋江渺渺水空波，越客孤舟欲榜歌。手折衰楊悲老大，故人零落已無多。

「曲中聞折柳」由上「玉笛暗飛聲」來，「手折衰楊」者卽上述「越客」，此爲承上而言，所謂語意皆不絕。又如：

李四倉曹宅夜飮　王昌齡
霜天留飮故情歡，銀燭金罏夜不寒。若問吳江別來意，青山明月夢中春。

從軍北征　李　益

天山雪後海風寒，橫笛偏吹行路難。磧裏征人三十萬，一時回首月中看。

第三句皆另起一筆，非由上文生出，而仍相連屬，所謂語絕而意不絕者也。

三、謀篇原則

各句於篇中之地位與作用討論過後，卽須注意謀篇之原則，其着意處有二，其一爲四句之均衡，其二爲神氣之一貫。

㈠四句之均衡：各句之內涵、修飾、韻味、境界等，須取得諧和，有所偏頗，卽不完美。「滄浪詩話」云用工有三，其一卽爲起結。「詩法家數」言作詩之法：起句要高遠，結句要不着迹，承句要穩健，須各部均妥貼，詩篇乃佳。唐人絕句甚着意此點，前所舉各詩，仔細讀之，均甚完美。然亦有若干疵類，或大或小，爲後人所批評。

王夫之「薑齋詩話」曰：「秦時明月漢時關（案：爲王昌齡出塞首句），句非不鍊，格非不高。但可作律詩起句，施之小詩，未免有頭重之病。」

王世貞「藝苑卮言」曰：「可憐無定河邊骨，猶是深閨夢裏人，用意工妙至此，可謂絕唱矣。惜爲前二句（案：卽「誓掃匈奴不顧身，五千貂錦喪胡塵」，爲陳陶隴西行詩）所累，筋骨畢露，令人厭憎。葡萄美酒一絕（王翰涼州詞）便是無瑕之璧。」

二書皆從各句之均衡處提出意見，可見其重要性。

㈡神氣之一貫：由於絕句每篇只能抒寫一個意思，故必首尾相應，密密扣合，令神氣貫乎其中。「說詩菅蒯」云：「一首貴一氣貫注」。苟非如此，如「容齋隨筆」所列杜甫諸絕句。

遲日江山麗，春風花草香。泥融飛燕子，沙暖睡鴛鴦。（絕句二首之第一）

急雨梢溪足，斜暉轉樹腰。隔巢黃鳥並，飛藻白魚跳。（絕句五首之第三）

江動月移石，溪虛雲傍花。鳥棲知故道，帆過宿誰家。（絕句五首之第五）

糝徑楊花鋪白氈，點溪荷葉疊青錢。筍根雉子無人見，沙上鳧雛傍母眠。（漫興）

兩個黃鸝鳴翠柳，一行白鷺上青天。窗含西嶺千秋雪，門泊東吳萬里船。（絕句四首之第三）

上列各詩，單以一句觀之，甚見鍊句之工。然合一篇觀之，則見四句散列，無聯繫之關鍵，乏神氣貫乎其中。試去其一句，不見其少，增其一句，不見其多。與杜甫其他詩體之組織緊密，渾融不見其隙者不可同日而語。試與前述王維、李白、王昌齡、劉禹錫、李商隱、杜牧諸詩相較，杜甫之絕句韻味實有遜焉，神氣貫不貫之別也。

第四節　用　事

一、緒　論

詩文中用事，消極方面可以縮短篇幅，積極方面可以增加氣力，擴大境界。雖有反對用事者，鍾嶸云：「屬詞比事，乃爲通談，吟咏情性，何貴用事。」且云：「古今勝語，多非補假，皆由直尋。」（詩品序）然此乃指極高之作手而言，究爲少數。「文心雕龍」曰：「夫經典沉深，載籍浩瀚，實群言之奧區，而才思之神皐也。揚班以下，莫不取資。」卽大作手亦不免用事，緣由「事得其要，雖小成績，譬寸轄制論，尺樞運關也。」

二、用事法

唐人絕句用事，較律詩爲少。律詩每以用事增加其典重。絕句重靈巧，經常出於直尋，通篇不用事。較宋人絕句亦少，宋人重來歷，積習一深，用事自多。唐人尚在「天人之際」遇則使之，不使亦可，不斤斤於來歷。至其用事，可分數則言之：

㈠精切：李端鳴箏：「欲得周郎顧，時時誤拂絃。」用三國志周瑜傳，周郎顧曲之典，以喻精於音樂之聽曲者，正合。張祜宮詞：「故國三千里，深宮二十年。一聲何滿子，雙淚落君前。」據樂府詩集：「唐白居易曰：何滿子，開元中滄州歌者臨刑進此曲以贖死，竟不得免。」則作此曲者，身世淒涼，與幽居深宮之宮女正同。韓翃寒食詩：「日暮漢宮傳蠟燭，輕烟散入五侯家。」用漢書宦者傳，桓帝同日封五宦官爲侯之典，用以諷唐宦官之盛，正合。劉方平春怨：「紗窗日落漸黃昏，金屋無人見淚痕。」用漢武故事中金屋貯阿嬌事，陳嬌後遭冷落。用金屋以述身居華麗宮室，而已遭冷落之宮女，正合。李白清平調：「若非群玉山頭見，會向瑤臺月下逢。」群玉乃穆天子傳中西王母之居所，瑤臺乃離騷中有娀氏佚女之居所，用以喻楊貴妃之美如天仙，正合。以上所列，皆事與事合，理與理合，極爲貼切。

㈡自然：「西清詩話」引杜少陵云：「作詩要如禪家語：水中着鹽，飲水乃知鹽味。」乃指用事之天然渾厚，不見踪迹。西清詩話又曰：「詩之用事不可牽强。必至於不得不用而後引之，則事詞爲一，莫見其安排鬪凑之迹。」欲達此境，須作者不可有意於用事，以誇博學。且手法須高，不可堆砌餖飣。

唐人用事最講自然：

胡仔「苕溪漁隱叢話」曰：「摩詰山中送別詩云：『山中相送罷，日暮掩柴扉。春草明年綠，王孫歸不歸。』蓋用楚詞『王孫遊兮不歸，春草生兮萋萋。』此善用事也。」卽指其自然而言。又如：李白秋下荆門：「此行不爲鱸魚膾，自愛名山入剡中。」用張翰秋風蓴鱸一典。張旭桃花谿：「桃花盡日隨流水，洞在青溪何處邊。」用陶淵明桃花源記之典。張祜集靈臺詠虢國夫人：「却嫌脂粉汚顏色，淡掃蛾眉朝至尊。」用唐玄宗賜楊氏三姨脂粉錢之典。杜牧秋夕：「天階夜色涼如水，坐看牽牛織女星。」用「荆楚歲時記」七夕牽牛織女相會之典。杜牧金谷園：「日暮東風怨啼鳥，落花猶似墮樓人。」用晉書石崇傳綠珠墜樓之典。張泌寄人：「別夢依依到謝家，小廊迴合曲闌斜。」李德裕弔亡妓謝秋娘，作曲傷之，張泌用此事以寫所懷者之身分。上述諸例，若不道破，直如不曾用事。顧嗣立寒廳詩話曰：「作詩用故實，以不露痕迹爲高，昔人所謂使事如不使也。」文心雕龍曰：「凡用舊合機，不啻自其口出。」唐人絕句卽如此。

㈢靈活：杜牧赤壁：「東風不與周郎便，銅雀春深鎖二喬。」泊秦淮：「商女不知亡國恨，隔江猶唱後庭花。」赤壁之戰多端，作者唯以二喬敍說。蓋二喬若被俘，東吳社稷必亡，生靈塗炭可知矣。陳後主亡國之因多端，玉樹後庭花僅爲亡國一曲而已。然由此曲，可以聯想後主之種種荒唐，亡國即肇於此。二事均以小觀大，由微知著，用事之靈巧可知。

用事有反其意而用之者，「藝苑雌黃」已載之，此亦靈活運用之一法。王績遇酒家：「此日長昏飲，非關養性靈。眼看人盡醉，何忍獨爲醒。」用漁父篇屈原語「衆人皆醉而我獨醒」。此卻反其意，不忍獨醒，非苟於世，蓋逃于酒以避亂全身。李商隱華清宮：「華清恩幸古無倫，猶恐蛾眉不勝人。未免被他褒女笑，只教天子暫蒙塵。」反用褒姒滅周之典，貴妃無意於亡唐，今反用之者，緣其蠱惑明皇，怠荒朝政，終令唐室中衰，與褒姒之作爲無以異。「正言若反」，垂戒之意甚深。二者皆不拘於故典，取其特徵，另成面目。王荆公論用事當：「自出己意，借事以相發明，變態錯出。」（蔡寬夫詩話）即此靈活運用之謂。

綜上所述，吾人可以明白：唐人絕句清麗流暢，明轉天然，其來有自焉。

第五節　鍊　意

一、緒　論

凡作詩文，詞秀不如意秀。蓋言辭所以達意，意爲本源，爲骨幹，王夫之「薑齋詩話」曰：「含情而能達，會景而生心，體物而得神，則自有靈通之句，參化工之妙。」李東陽「懷麓堂詩話」曰：「王摩詰陽關無故人之句，盛唐以前所未到……後之詠別者，千言萬語，殆不能出其意之外。」皆言清詞麗句皆肇源於精絕之意也。

而同樣字句，常人用之則庸弱，詩人用之則雅健者，緣由詩人之意精絕也，蓋有意卽有境，有意卽有格。

劉長卿暮春歸故山草堂：「谷口春殘黃鳥稀，辛夷花盡杏花飛。始憐幽竹山窗下，不改清陰待我歸。」眞有境界。所以有境界者，緣由作者標出幽竹之有節與有情，不與浮花浪蕊相似。

宋蘇軾詠東欄梨花：「梨花淡白柳深青，柳絮飛時花滿城。惆悵東欄一株雪，人生看得幾清明。」眞有境界。所以有境界者，緣由作者標出梨花又開，而人生易老，生命有如寄蜉蝣於天地之感。

二首之佳，卽在於意妙，王國維氏言有境界卽「寫情則沁人心脾，寫景則在人耳目，述事則如其口出。」言情、寫景、述事所以能超絕者，以巧意經營之也。王氏同時人樊志厚卽以爲意與境關係極爲密切：「文學之事，其內足以攄己，而外足以感人者，意與境而已。上焉者意與境渾，其次或以境勝，或以意勝，苟缺其一不足以言文學。」故不可或缺，樊氏又云意與境「二者常在互相錯綜」。

戎昱旅次寄湖南張郎中：「寒江近戶漫流聲，竹影當窗亂月明。歸夢不知湖水濶，夜來還到洛陽城。」格調甚高古，其關鍵在提出歸夢還家之妙想。

宋王安石山櫻：「山櫻抱石蔭松枝，比並餘花發最遲。賴有春風嫌寂寞，吹香渡水報人知。」格調亦甚高古，其關鍵亦在提出春風吹香，渡水報人之奇思。

由二詩可彷彿得知：高古之格調，啓源於深遠之思慮，「白石道人詩說」論詩法曰：「句意欲深欲遠，句調欲清欲古欲和。」論意、調二者，皆卓見也。

或云：唐人重在抒情。宋人重在寫意，鍊意當爲宋人之事。其實此乃膚廓之見，讀唐詩當可知唐人以鍊意爲抒情之手段，蓋意愈深刻，則抒情亦愈深刻。試觀前擧劉長卿、戎昱二詩即可悟此法門。

二、鍊意法

唐人鍊意之法，約有四端。

㈠變俗爲雅：前已述及，絕句內涵可分邊塞、宮閨等十餘類。作品一多，未免意重詞贅，入之於俗。如宴樂之詩易俗，送別之詩易流，贈答之詩易泛，宮閨之作易濫，此皆俗情俗言，必鍊之以雅，方可卓絕。王昌齡李倉曹宅夜飲曰：「若問吳江別來意，靑山明月夢中看。」去其俗也。王維送沈子福之江東曰：「唯有相思似春色，江南江北送君歸。」去其流也。郎士元送麴司直曰：「貧交此別無他贈，惟有靑山遠送君。」去其泛也。孟遲長信宮詞曰：「自恨身輕不如燕，春來還繞御簾飛。」去其濫也。

㈡變正爲側：絕句以空靈稱，以韻味勝，劉熙載「藝概」曰：「文所不能言，詩或能言之。大抵文善醒，詩善醉。醉中語亦有醒時道不到者，蓋其天機之發不可思議也。」天機之發即指思慮而言，故絕句之運思不同，其成就自亦不同。

然絕句如何運思？「藝概」又曰：「絕句取徑貴深曲，蓋意不可盡，以不盡盡之。正面不寫寫反面，本面不寫寫對面旁面，須如覩影知竿乃妙。」陳衍「石遺室詩話」亦曰：「淺意深一層說，直意曲一層說，正意反一層、側一層說。」二說可謂若合符節。

杜牧歸家：「稚子牽衣問，歸家何太遲。共誰爭歲月，贏得鬢如絲。」蹉跎時光，老大無成而歸，應爲輸與歲月。今用以「贏」字，所贏者爲如絲白髮，此由反面說。

李益宮怨：「露濕晴花春殿香，月明歌吹在昭陽。似將海水添宮漏，共滴長門一夜長。」實寫爲宮娥之寂寥哀怨。卻不直說，只說春殿花香，昭陽歌喧。然此並非己有，他人之承恩，卽襯出一己之寂寥。只說聞長門宮漏，一夜不停，卽襯出整夜未眠，哀怨入骨。此由側面說。

書寫反面側面之筆法，可令深刻之意出以靈巧之思。絕句能以小御大，以微見著，以虛寫實，意溢於言外，而致風神搖曳，韻味無窮者，此法之功也。

㈢化滯爲靈：或有意爲前人已發，境爲前人已造，然皆板滯無生氣，唐人點化之，使之靈活，亦爲一法。

顧嗣立「寒廳詩話」曰：「秀水李竹孀曰：李嘉祐詩水田飛白鷺，夏木轉黃鸝，王摩詰但加漠漠陰陰四字（積雨輞川莊作）而氣象鬬生。」葉少蘊石林詩話曰：「此兩句好處正在添漠漠陰陰四字，此乃摩詰爲嘉祐點化，以自見其妙。」可見詩家妙手，點鐵成金之術。

絕句每渾然無跡，然亦可見其點化之妙，魏泰「臨漢隱居詩話」曰：「李華弔古戰場文曰其存其沒，家莫聞之。人或有言，將信將疑。悁悁心目，夢寐見之。陳陶則云可憐無定河邊骨，猶是春閨夢裏人，蓋愈工於前也。」

要之：點化之道在令「物事有精神」（朱熹語），好詩之價值即在其有精神，有精神則自能動人心魄。

點化之法，宋人專精研究，自成門面，黃庭堅謂之「奪胎換骨」，遂大開模擬之習。楊萬里「誠齋詩話」，洪邁「容齋詩話」，曾季貍「艇齋詩話」，葛立方「韻語陽秋」等書述之已詳盡，茲不贅焉。

㈣意趣寬泰：讀唐人絕句，有清新者，亦有綺麗者。有靈巧者，亦有典重者。有纖柔者，亦有豪壯者。他如清幽、寒苦……各種不同之風格並存，均能見其趣味。而題材方面，山林氣、鐘鼎味、征人之思、閨閣之憶、宮嬪之怨、兒女之情……各種不同之題材並陳，亦均有其趣味，故唐人之意趣寬泰，能有多方面成就緣由於此。

觀宋人則不然，宋人為避凡近，意貴奇、貴清（本繆鉞語），所成之詩多深折瘦勁，自有其獨到境界。然以意趣言，則不如唐人之兼容並蓄，各盡姿態也。

唐人絕句之鍊意恒為抒情，然唐人亦有偏重寫意之作，此為另一特色。以杜甫、李義山為代表。杜詩如：

錦城絲管日紛紛，半入江風半入雲。此曲祇應天上有，人間能得幾回聞。（贈花卿）

一夜水高二尺強，數日不可更禁當。南市津頭有船賣，無錢即買繫籬旁。（春水生二絕之二）

舍西柔桑葉可拈，江畔細麥復纖纖。人生幾何春已夏，不放香醪如蜜甜。（漫興九首之八）

王楊盧駱當時體，輕薄爲文哂未休。爾曹身與名俱滅，不廢江河萬古流。（戲爲六絕句之二）

李詩如：

雌去雄飛萬里天，雲羅滿眼淚潸然。不須長結風波願，鎖向金籠始兩全。（鴛鴦）

背闕歸藩路欲分，水邊風日半西曛。荆王枕上元無夢，莫枉陽臺一片雲。（代元城吳令暗爲答）

國事分明屬灌均，西陵魂斷夜來人。

君王不得爲天子，半爲當時賦洛神。（東阿王）

杜李絕句部分偏向寫意，前舉數例可見，此爲宋人另闢一路，故宋人多推尊之，然於唐詩則爲別調。

第六節　結　論

以上於唐人絕句之鍊字、鍊句、謀篇、用事、鍊意之法之論述，道其大略而已。綜合言之，約有二端：

一爲表達之精當：梅聖俞曰：「詩之工者，寫難狀之景，如在目前；含不盡之意，見於言外。」爲表達之最高標準，以之言唐人絕句，頗見分寸。其委曲達情之精當，可由鍊字、鍊句諸端見之，吾人讀之自不得不歎服。

沈德潛「說詩晬語」曰：「事難顯陳，理難言罄，每託物連類以形之。鬱情欲舒，天機隨觸，每借物引懷以抒之。比興互陳，反覆唱歎，而中藏之懽愉慘戚，隱躍欲傳，其言淺，其情深也。倘質直敷陳，絕無蘊蓄，以無情之語而欲動人之情，難矣！」可爲絕句之表達作一註脚。

二爲修飾之自然：作詩難免彫琢，然畏有斧鑿痕。王世貞「藝苑巵言」云：「摯虞曰假象過大，則與類相遠。造辭過壯，則與事相違。辨言過理，則與義相失。靡麗過美，則與情相悖」。唐人絕句之可貴卽在自然，不過於求巧而忽略當前妙境，誠如陸時雍「詩鏡總論」所謂：「善言情者，吞吐深淺，欲露還藏，便覺此衷無限。善道景者，絕去形容，略加點綴，卽眞相顯然，生韻亦流動矣。」

吾人言唐人詩法，旨在述明其美妙由此出之。非謂有此法卽有此好詩，蓋詩者性情之事，以情意爲主，文辭次之。情深意高則文辭自美，故法濟之以情意則活，否則卽死，陳衍謂詩有四要：骨力堅蒼、興味高妙、才思橫溢、句法超逸（見石遺室詩話）。句法僅爲其一，且居末位，其輕重可知，所謂徒法不足以自行也。

第五章 聲 律

第一節 聲律與起之因

近體詩與古詩最大之區別爲聲律之講求，其起源約在南朝齊永明時。於時文士如沈約、周顒等妙識聲律，遂以此用於詩文，開一時風氣。南史陸厥傳曰：

「永明一時，盛爲文章，吳興沈約、陳郡謝脁、琅琊王融，以氣類相推轂。汝南周顒善識聲韻，約等文皆用宮商，將平上去入四聲，以此制韻，有平頭、上尾、蜂腰、鶴膝、五字之中，音韻悉異。兩句之中，角徵不同。不可增減，世呼爲永明體。」

前此，詩文未必非「清濁通流、口吻調利」（詩品語）然此乃自然音節，作者調其合於脣吻而已，無任何「律」可言。自聲律之風起，卽進入人工音律，排比齊整，規律謹嚴。此乃詩界一大變革，從此別開格局，面目一新。

至聲律之風緣何產生？緣何於此時產生？近人朱光潛氏「詩論」，曾詳予分析，撮其要旨有三：

一、聲音之對仗起於意義之排偶，此二特徵先見於賦，詩受其影響。

二、東漢之後，梵音輸入，音韻之研究極發達，刺激詩律運動。
三、齊梁時，古詩脫離樂府而獨立，外在音樂消失。遂於本身尋求音樂，自然着意研究聲韻。絕句爲近體詩之一，七絕且爲唐人樂府，聲律之講求固爲必然。

第二節　平仄之探討

平仄之講求爲絕句聲韻之大事，初學詩者每苦於平仄之不調，不明詩者且以爲變化多端，頭緒莫見。其實以條理尋之，唐詩平仄，簡而易明，茲分句法，章法二部言之：

一、句　法

㈠五言

1 用韻：

平起：平平仄仄平

例：東風道路長（皇甫曾送王司直）

難分此夜中（司空曙別秦卿）

仄起：仄仄仄平平

例：散步詠涼天（韋應物秋夜寄丘二十二員外）

寄向故園流（岑參見渭水思秦川）

2不用韻：

平起：平平平仄仄

例：欲窮千里目（王之渙登鸛雀樓）

柴門聞犬吠（劉長卿逢雪宿芙蓉山）

仄起：仄仄平平仄

例：欲得周郎顧（李端鳴箏）

縱有還家夢（令狐楚從軍行）

㈡七言

1用韻：

平起：平平仄仄仄平平

例：君思已盡欲何歸（孟遲長信宮）

秋風葉落洞庭波（溫庭筠贈少年）

仄起：仄仄平平仄仄平

例：遠映征帆近拂堤（溫庭筠楊柳詞）

嫩色曾沾雨露恩（段成式折楊柳枝詞）

2不用韻：

平起：平平仄仄平平仄

例：朝元閣上西風急（杜常華清宮）

何當共翦西窗燭（李商隱夜雨寄北）

仄起：仄仄平平平仄仄

例：唱到竹枝聲咽處（白居易竹枝詞）

十二街中春色徧（張籍逢賈島）

句法計五言四式，七言四式，唐人萬首絕句，均從此出。

㈢造句規則

造句諸聲之際，有數則規律：

1忌孤平：孤平指韻腳之外，唯一平聲單懸其中。孤平爲詩家大忌，然至今已漸爲人疏忽，孤平句隨處可見。

唐人近體詩中，據王力氏「漢語詩律學」云：只見二句孤平（高適淇上送韋司倉：醉「多」適不愁。李頎野老曝背：百歲老「翁」不種田。）可見唐人極力避免此種忌諱，究其原因，厥在聲調諧合。

古詩之平仄不如近體嚴明，然五言亦忌五平、五仄、四平、四仄，七言忌七平、七仄、六平六仄，稱爲「落調」（參見趙執信「聲調譜」），緣其失之於短促，或失之於漫長，均不得和諧。若不得已而用之，亦極力補救，以求聲調之諧。本此以推，視聲調如生命之近體詩，孤平豈可輕忽？

或疑「仄仄仄平平」式以爲係孤平（見近人葛連祥「詩的格律及作法」「仄仄平平仄」一式，葛氏云「因非押韻句，故未列入」，似乎亦以此式爲孤平）此乃出於誤會孤平之意旨。孤者單懸之謂，凡二平相連豈可謂「孤」？（「仄仄平平仄」則全無孤平之嫌）王士禎「律詩定體」曰：「五律，凡雙句二四應平仄者，（如城虛爽氣多），第一字必用平，斷不可雜以仄聲。以平平止有二字相連，不可令單也。」其言可着意者凡二：其一，所謂雙句二四應平仄者，卽「平平仄仄平」（雙句必入韻，二四爲平仄則爲平起，卽平起入韻句法）「不可令單」，明不許孤平。其二，「平平只有二字相連，不可令單」，單卽爲孤平。而平平相連，卽非孤平。

2.入律：律句與古句，不論五七言，最大之區別在下三字。（依聲調譜說），「漢語詩律學」云：古詩下三字之常軌爲平平平、平仄平、仄平仄、仄仄仄四種。

三平調，王士禎（古詩定體）趙執信（聲調譜）均以爲古詩之標準句法，且最常用。三仄調古詩亦多見。二者均完全不合律。而仄平仄、平仄平二者，趙譜以爲拗律，亦不完全合律。

合律抑不合律，亦全以聲調言之。三平漫長、三仄急促。「平仄平」、「仄平仄」二式，其節奏點在第二字，「平仄」一節由長漸短，有低抑之勢。而後突起一平，聲又上揚，因其在一字之間轉折，非若平平仄仄之有二字迴旋，故所生之聲音拗口，不能和諧。不入律之句除特別需要（卽所謂拗句，容於下文交待。）否則，亦爲詩中一忌。

3.節奏點之抑揚：前已述及，不論五七言均以二字爲一節。故五言第二、四字，七言第二、四、六字爲句中節奏點。節奏點必呈起伏抑揚，故其平仄並交互爲用，五言爲「平、仄」「仄、平」，七言爲「平、仄、平」「仄、平、仄」，以此聲調則婉轉有緻，感人益深。

㈣拗句

唐人絕句亦非完全合於句法，不違規律。亦間有與規律出入者，此類詩句一般稱爲拗句，然拗亦有道，每在拗後，尋法補救，令其聲調和諧。分述如后：

1.七言第一字，易其平仄、可認爲拗、亦可不以爲拗。王士禎「律詩定體」曰：凡七言第一字俱不論，如「寒雨連江夜入吳」（王昌齡芙蓉樓送辛漸），第一字應仄而平。「不知庭霰今朝落」（宋之問苑中遇雪應制）第一字應平而仄。此例甚多，蓋不以爲病也。

然詩律精細之詩人，即此亦以爲拗。故亦着意救之，且其例甚多，非偶而一見也。一般救法爲易第三字之平仄以應第一字。如

（仄）（平）
即今西望猶堪思（劉廷錡銅雀臺）

（仄）（平）
古來爭戰幾人回（王翰涼州詞）

(仄)(平)
若非群玉山頭見（李白清平調）

(仄)(平)
洛陽親友如相問（王昌齡芙蓉樓送辛漸）

(仄)(平)
雪晴雲散北風寒（賈至送李侍郎赴常州）

(仄)(平)
每逢佳節倍思親（王維九月九日憶山東兄弟）

(平)(仄)
同作逐臣君更遠（劉長卿重送裴郎中貶吉州）

(平)(仄)
今夜不知何處宿（岑參磧中作）

(平)(仄)
今日暫同芳菊酒（王之渙九日送別）

(平)(仄)
歸夢不知湖水闊（旅次寄湖南張郎中）

可見七言第一字雖可不論，詩人亦不肯輕易放過，稍失和諧。

2七言第三字、五言第一字，一般情況並不嚴限其平仄。

王士禎「律詩定體」曰：「五律凡雙句其二四應仄平者（按卽「仄仄仄平平」）第一字平仄皆可用。又曰：七言第三字與五言第一字同例，凡雙句第三字應仄者（按卽「平平仄仄仄平平」）可換平聲。」七言如「未央前殿月輪高」（王昌齡春宮曲）「遙知兄弟登高處」（王維九月九日憶山東兄弟）第三字應仄而用平。「忽見陌頭楊柳色」（王昌齡閨怨）「今日送君須盡醉」（賈至送李侍郎赴常州）第三字應平而用仄。

五言如「誰見泣離群」（王勃江亭月夜送別）「飛月向南端」（同上）第一字應仄而用平。「白雲還自散」（李白憶東山）「不知天下士」（高適詠史）第一字應平而用仄。

此種例隨處可見，詩人隨其拗而不救。究其原因，救拗之習慣爲第三字救第一字，第五字救第三字。換言之卽涉及每句下三字，下三字之平仄爲「仄仄平」「仄平平」「平仄仄」「平平仄」四種，除「仄仄平」一式下文特別討論外，其餘三式，易其第一字平仄（卽七言之第五字、五言第三字）則成「平平平」「仄仄仄」「仄平仄」俱成古詩格式而不入律，故以不救爲佳。

然於七言「仄仄平平仄仄平」及五言「平平仄仄平」中，七言之第三字及五言之第一字，必嚴守平仄，否則卽成「孤平」。「律詩定體」云：「五律凡雙句二四應平仄者（按卽「平平仄仄平」）第一字必用平，斷不可雜以仄，以平平止有二字相連不可令單也。」

又云「七言第三字與五言第一字同例，凡雙句第三字．．．應平者不可換仄聲。」前已述之，「孤平」爲近體大忌，唐人絕不肯涉及。若因意義及詞彙所限，此字非拗不可，則七言必以第五字救之，五言必以第三字救之。例：

（仄）（平）
枕上片時春夢中（岑參春夢）

（仄）（平）
楊柳渡頭行客稀（王維送沈子福之江東）

（仄）（平）
莫道不如宮裏時（白居易昭君詞）

（仄）（平）
笑問客從何處來（賀知章回鄉偶書）

七言句第三字應平而用仄，則第五字應仄而用平以救之。

（仄）（平）
夜來風雨聲（孟浩然春曉）

（仄）（平）
落花盈我衣（李白自遣）

(仄)(平)
鳥還人亦稀（李白自遣）

(仄)(平)
夜涼人未眠（張籍寄西峰僧）

(仄)(平)
朔風千里驚（令狐楚從軍行）

五言句第一字應平而用仄，則第三字應仄而用平以救之。

3.七言第五字，五言第三字爲句中重要關鍵。此卽前述下三字之問題，此字一犯，卽成三平、三仄平仄平、仄平仄等不入律之格式。故詩人極力避免拗用，「律詩定體」中此字必依譜，可以爲證。然若限於意思，非拗不可，則極力補救，其情況大致爲：

(1)五言「平平平仄仄，仄仄仄平平」一聯，不論出句對句拗，以不救爲多。如：

(仄)
停舟暫借問，或恐是同鄉（崔顥長干曲）

(仄)
從來送客處，今日自魂銷（劉禹錫別蘇州）

(仄)
提籠忘採葉，昨夜夢漁陽（張仲素春閨怨）

(2)五言「仄仄平平仄，平平仄仄平」一聯，對句拗，以不救爲多。如

(平)
月出驚山鳥，時鳴春澗中（王維鳥鳴澗）

(平)
日暮長江裏，相邀歸渡頭（儲光義江南曲）

(平)
長信宮中草，年年愁處生（崔國輔長信宮）

(平)
坐厭淮南守，秋山紅樹多（韋應物登樓）

(3)前式，若出句拗，以救爲多，用對句拗同位字以救之。七言「平平仄仄平平仄」「仄仄平平仄仄平」同。如：

(仄)　(平)
醉起步山月，鳥還人亦稀（李白自遣）

開篋淚（仄）沾臆，見君前（平）日書（高適哭單父梁九少府）

三月雪（仄）連夜，未應傷（平）物華（溫庭筠嘲三月十八日雪）

相逢意氣爲（仄）君飲，繫馬高樓垂（平）柳邊（王維少年行）

勸君更盡一（仄）杯酒，西出陽關無（平）故人（王維渭城曲）

高樓送客不（仄）能醉，寂寂寒江明（平）月心（王昌齡芙蓉樓送辛漸）

孤帆遠影碧（仄）空盡，唯見長江天（平）際流（李白黃鶴樓送孟浩然之廣陵）

春潮帶雨晚（仄）來急、野渡無人舟（平）自橫（韋應物滁州西澗）

此式趙執信「聲調譜」於杜牧詩（五律）「野店正分泊，繭蠶初引絲」云下句「第三字救上字，不救亦可。」翟翬「聲調譜拾遺」於杜甫詩（五律）：「冉冉柳枝碧，娟娟花蕊紅」（奉答岑參補闕見贈）云：下句「第三字平所以救上句第三字之仄」又云：「上句亦可不救」，已作交代。

4.七言第二、四、六字，五言第二、四字：此類字均爲節奏點，應嚴守格律。古人謂「二四六分明」，雖童子亦知此律。

然卽於節奏點，亦有拗，其原因：一爲意義所限，非用此字不可。二爲不願受格律約束，模仿古調，塑造不同凡近之高古格調。

而此種拗亦可分兩種，其一爲拗而不救，任其爲拗調者，其二爲拗而加以補救者。例：

(1)拗而不救者：七言第二、四字，五言第二字。

橫江(平)館前津吏迎，向余東指海雲生（李白橫江詞）

黃師(平)塔前江水東，春光懶困倚微風（杜甫江畔獨步尋花）

黃四孃家花滿蹊，千朵(仄)萬朵壓枝低（同右）

江上被花惱不徹，無處(仄)告訴只顛狂（杜甫江畔獨步尋花）

（仄）
殿前兵馬雖驍雄，縱暴略與羌渾同（杜甫三絕句之一）

（平）
南人上來歌一曲，北人莫上動鄉情（劉禹錫竹枝詞）

（仄）
朝日照紅妝，擬上銅雀臺（崔國輔銅雀臺）

（平）
舉頭望山月，低頭思故鄉（李白靜夜思）

（所標「平」「仄」處卽爲拗字，爲求明顯故一聯並列）

(2)拗而救者：七言第六字，五言第四字，此字拗而必救。王力氏「漢語詩律學」謂其救法可分本句自救及對句相救二種。

甲、本句自救者：於七言「仄仄平平平仄仄」一式中，第六字拗平則第五字易仄以救之，「律詩定體」於七言平起不入韻例「我醉吟詩最高處」云：「最高二字本宜平仄，而最高二字係仄平，所謂單句第六字拗用平，則第五字必用仄以救之。」五言「平平平仄仄」一式中，其法同。「律詩定體」於五言仄起不入韻例「好風天上至」云「如上字拗用平，則第三字必用仄救之。」「聲調譜」杜牧詩「行人碧溪渡」云：「第四字拗平，第三字斷斷用仄」。換言之，卽七言之第五六字，五言之第三四字互換平仄。如：

唯有相思似春色（仄平）、江南江北送君歸。（王維送沈子福歸江東）

日暮孤帆泊何處（仄平）、天涯一望斷人腸。（孟浩然送杜十四之江南）

羌笛何須怨楊柳（仄平）、春風不渡玉門關。（王之渙涼州詞）

夜發清溪向三峽（仄平）、思君不見下渝州。（李白峨眉山月歌）

我寄愁心與明月（仄平）、隨風直到夜郎西。（李白聞王昌齡左遷龍標遙有此寄）

正是江南好風景（仄平）、落花時節又逢君。（杜甫江南逢李龜年）

欲問吳江別來意（仄平）、青山明月夢中看。（王昌齡李四倉曹宅夜飲）

（仄平）
憑添兩行淚，寄向故園流。（岑參西過渭州見渭水思秦川）

（仄平）
遙憐故園菊，應傍戰場開。（岑參行軍九日思長安故園）

（仄平）
懷君屬秋夜，散步詠涼天。（韋應物秋夜寄丘二十二員外）

（仄平）
當時好風物，誰伴謝宣城。（錢起江行無題）

（仄平）
無將故人酒，不及石尤風。（司空曙別盧秦卿）

乙、對句相救者：於七言「平平仄仄平平仄、仄仄平平仄仄平」一聯中，出句第六字拗仄，則對句第五字拗平以救之。於五言「仄仄平平仄、仄仄仄平平」一聯，出句第四字拗仄，則對句第三字拗平以救之，其圖式之變化爲：

平平仄仄平平仄　　平平仄仄平（仄）仄

仄仄平平仄仄平　　仄仄平平（平）仄平

例如：

仄仄平平仄　仄仄平（仄）仄

平平仄仄平　平平（平）仄平

南朝四百八十(仄)寺，多少樓臺煙(平)雨中（杜牧江南春）

林表明霽(仄)色，城中增(平)暮寒（祖詠終南望餘雪）

古調雖自(仄)愛，今人多(平)不彈（劉長卿聽彈琴）

對酒不覺(仄)眠，落花盈(平)我衣（李白自遣）

藹藹花蕊(仄)亂，飛飛蜂(平)蝶多（杜甫絕句）

七言第二、四字，五言第二字拗其平仄，習慣上可不補救，於格律言，頗爲自由。然此種聲調，較之一般聲調，數目極微。可見唐人以爲聲調爲近體詩重要部門，於可能之情形下，自以謹守格律爲上。

七言第六字、五言第四字拗，依聲調之和諧言，節奏點不能一抑一揚，頗似不諧。然而，唐人竟大量使用，尤以本句自救例爲然。吾人觀前例，名家如王維、李白、杜甫、王昌齡、岑參、韋應物、錢起等均用此法，而非偶一用之。計其數幾與一般格律彷彿，且應試之排律亦允許使用，可見其爲慣用之格律。而對句相救例數亦不少。王力氏謂此二者乃唐人發明之「高格調」，用以造成音調之鏗鏘不凡，頗有見地。

二、章法

絕句之章法，乃利用其句法，以「對」「粘」二法加以組織。「對」者兩句之第二字平仄相反成對，「粘」者兩句之第二字平仄相同成粘。第一句與第二句對，第二句與第三句粘，第三句與第四句對。故絕句有兩種章法，一爲仄起式、句之排列爲「仄起、平起、平起、仄起」，二爲平起式，句之排列爲「平起、仄起、仄起、平起」。唐人絕句逾萬，除極少數例外，均依此種規則。分五七言式述之：

(一)五言

1 仄起不入韻：

仄仄平平仄
平平仄仄平（韻）
平平平仄仄
仄仄仄平平（韻）

（一二句）對　（二三句）粘　（三四句）對

喚起窗全曙
催歸日未西
無心花裏鳥
更無盡情啼（韓愈贈同遊）

2.仄起入韻：

仄仄仄平平（韻）　破落古關城
平平仄仄平（韻）　猶能扼帝京
平平平仄仄　今朝行客過
仄仄仄平平（韻）　不待曉鷄鳴（皮日休古函關）

3.平起不入韻：

平平平仄仄　鳴箏金粟柱
仄仄仄平平（韻）　素手玉房前
仄仄平平仄　欲得周郎顧
平平仄仄平（韻）　時時誤拂絃（李端鳴箏）

4.平起入韻

平平仄仄平（韻）　花枝出建章
仄仄仄平平（韻）　鳳輦發昭陽
仄仄平平仄　借問承恩者
平平仄仄平（韻）　雙蛾幾許長（皇甫冉婕好怨）

五言絕句以仄起爲正格，平起爲偏格。若以韻脚論，則以首句不入韻爲正格，以入韻爲偏格。故仄起不入韻爲標準正格，作品最多。

近體詩以押平韻爲原則，唯亦有押仄韻者，五絕如「千山鳥飛絕，萬徑人蹤滅。孤舟蓑笠翁，獨釣寒江雪」（柳宗元江雪）其平仄與押平韻者不同，頗與古體相類，且人自爲式，甚少一律者，故從略。

㈡七言

1.平起入韻：

平平仄仄仄平平（韻）　眞成薄命久尋思
仄仄平平仄仄平（韻）　夢見君王覺後疑
仄仄平平平仄仄　火照西宮知夜飮
平平仄仄仄平平（韻）　分明複道奉恩時（王昌齡長信秋詞）

2.平起不入韻：

平平仄仄平平仄　林間艷色驕天馬
仄仄平平仄仄平（韻）　苑裏穠華伴麗人
仄仄平平平仄仄　願逐南風飛帝席
平平仄仄仄平平（韻）　年年含笑舞青春（張說桃花園馬上應制）

3.仄起入韻：

仄仄平平仄仄平（韻）　紫陌紅塵拂面來

平平仄仄仄平平（韻）　無人不道看花回
平平仄仄平平仄　玄都觀裏桃千樹
仄仄平平仄仄平（韻）　盡是劉郎去後栽（劉禹錫戲贈看花）

4. 仄起不入韻

仄仄平平平仄仄　兩個黃鸝鳴翠柳
平平仄仄仄平平（韻）　(仄)一行白鷺上青天
平平仄仄平平仄　窗含(平)西嶺千秋雪
仄仄平平仄仄平（韻）　(平)門泊東吳萬里船（杜甫絕句）

七絕以平起為正格，仄起為偏格。若以韻腳論，則以首句用韻為正格，以首句不用韻為偏格。平起入韻為標準正格，作品最多。

七絕押仄韻者極罕見（較五言罕見）應為例外，亦從略。

㈢失對與失粘

絕句之章法，其組織有「對」「粘」之規定，且對粘有一定之次序，已見前述。然而，正如句法之有拗處，章法亦有失對與失粘者。

失對者：第二句與第一句，第四句與第三句第二字不呈平仄相對。換言之，一二句之平仄相同，三四句之平仄相同。

如王維鹿柴詩：

空山(平)不見人

但聞(平)人語響

返景(仄)入深林

復照(仄)青苔上

失粘者：第三句與第二句第二字平仄不相同。

如王昌齡採蓮曲：

吳姬(平)越艷楚王妃，爭弄(仄)蓮花水濕衣。

（平）　（仄）
來時浦口花迎入，採罷江頭月送歸。

又如張道濟蜀道後期：

（平）　（仄）
客心爭日月，來往預期程。

（平）　（仄）
秋風不相待，先至洛陽城。

失粘一例，頗爲常見，尤以五言爲然（失對者較少）蓋古詩之自然聲律，大致即爲一聯平仄相對，以造成一抑一揚之聲調。累積二聯即成一絕，故其句之間，即呈「平」「仄」「平」「仄」之形式，詩人偶而模仿舊調，即呈失粘。

第三節　押韻之探討

一、韻之作用

聲律之內涵，除平仄諧合外，押韻爲一大因素。「韻之主要功用在造成音節之前後呼應與和諧」，「把數段音節維繫成爲整體，免致渙散」（朱光潛說）吾人於誦頌有韻之詩文時，情緒隨之動蕩，不能自己，卽因聲調之「呼應與和諧」作用所致。

二、押韻之概況

㈠依據

唐詩押韻乃根據切韻或唐韻，其註明「同用」者卽認爲同韻。至元時，歸納同用者，稍加變通，成一百零六韻，卽後世所謂「平水韻」，亦卽明淸以來所謂之「詩韻」。然一百零六韻乃包括平上去入四聲在內，而絕句所用者爲始「東」終「咸」三十個平聲韻，與律詩相同。

㈡用平聲

絕律所以押平聲韻者，因平聲聲調較長，用之於歌詠，更能表達淋漓盡緻之情感。尤以絕句爲唐人樂府，更注意聲調，正格絕句均押平聲韻。押仄聲韻之絕句，或可歸入古風。

㈢明正變格

七言絕句以第一、二、四句句末押韻爲正格，首句不入韻爲變格。五言反是，以第二、四句押韻爲正格，首句用韻則爲變格。

㈣忌重複

古詩押韻，不患重複，「草堂詩話」引「藝苑雌黃」曰：「古人用韻，如文選古詩、杜子美、韓退之，重複押韻者甚多。文選古詩押二捉字，曹子建美女篇押二難字。．．子美飲中八仙歌押二船字，二眠字、二天字、三前字・・・退之贈張籍詩押二更字、二狂字、二鳴字、二光字。」然絕句則不宜如此，以其韻脚唯二、三字，一字重複卽有雷同之弊。非特如此，卽異字同音，如陽、楊、揚、央、泱、羊、祥等字同押，亦有雷同之嫌。故詩人均力避此病。

㈤禁出韻

近體詩押韻須一韻到底，不許通韻，如其中誤用他韻字卽爲「出韻」（亦稱落韻）。如杜牧木蘭廟詩：「彎弓征戰作男兒，夢裏曾經與畫眉。幾度思歸還把酒，拂雲堆上祝明妃。」「兒」「眉」二字屬「支」韻，「妃」字屬「微」韻，此例甚少，唐人引爲大忌。科場之作，如爲出韻詩，決不錄取，可見重視之程度。緣由近體詩特重聲調，而一出韻卽失却和諧，破壞聲調美。

㈥寬窄韻之抉擇

因而選擇韻部卽須斟酌，韻之字多者稱「寬韻」，如支、先、陽、庚、尤、東、眞、虞。韻之字少者稱「窄韻」，如微、文、删、靑、蒸、覃、鹽。字尤少者稱「險韻」，如江、佳、肴、咸。一般而言，寬韻之限制少，作者更能自由發揮，表達盡緻，故作品最多。然窄韻詩、險韻詩亦有，若干詩人且樂於使用。緣由寬韻詩作品過多，相似抑或雷同在所難免，故雖易下筆，亦易入於濫俗。險窄韻作品少，詞彙聲調較易淸新別緻。

㈦首句借韻

近體詩有一用韻之特例：卽首句允許稍作通容，錢大昕十駕齋養新錄曰：「五七言近體第一句，借用旁韻，謂之借韻。」四溟詩話曰：「七言絕律，起句借韻，謂之孤雁出群。」如：

憶故州　張籍

疊石爲山伴野夫，自收靈藥讀仙書。如今身是他鄉客，每見青山憶舊居。

春遊　羅鄴

芳草如煙暖更青，閒門要路一時生。年年檢點人間事，唯有春風不世情。

「夫」屬「七虞」韻、「書」「居」屬「六魚」韻；「青」屬「九青」韻、「生」「情」屬「八庚」韻。於此當着意者凡二：

1.「夫」「青」均爲第一句之韻脚。

2.首句借韻，均在鄰部，觀韻部之標號明顯可知。

合於此二條件者，方可稱「借韻」，否則卽是「出韻」、卽是「落調」。

然則，何謂「鄰韻」？王力氏謂除「江」與「陽」、「佳」與「麻」、「蒸」與「侵」罕見之特例外，大約總依詩韻之次序，以排列相近而音又相似之韻部爲「鄰韻」，可分爲八類：

1.東冬

2.支微齊

3.魚虞

4.佳灰

5. 眞文元寒刪先
6. 蕭肴豪
7. 庚青蒸
8. 覃鹽咸

關於此特例之理由，乃因詩之首句本可不入韻，此韻脚之重要性不如第二、四句，故可通容。吳喬曰：「出韻（按其義卽指借韻）必是起句。起句可用仄聲字，出韻何傷？蓋起句不在韻數中，故一絕止言二韻，一律止言四韻。」（答萬季野詩問）論之甚明。

第四節　八病之探討

一、八病詮釋

沈約所標五言詩「八病」，爲平頭、上尾、蜂腰、鶴膝、大韻、小韻、正紐、旁紐。然則何謂「八病」？遍照金剛「文鏡秘府論」、李淑「詩苑」、楊愼文集、王世貞「藝苑巵言」等解釋，言人人殊，周春更多所駁斥，亦有己說。然一般所循大抵依「文鏡秘府論」，今述之如下：

㈠平頭：「平頭詩者，五言詩第一字不得與第六字同聲，第二字不得與第七字同聲。同聲者不得同平上去入四聲。平頭詩曰：芳時淑氣清，提壺臺上傾。」「或曰沈氏云第一第二不宜與第六第七同聲，若能參差用之則可矣，謂第一與第七，第二與第六同聲，如秋月白雲之類。」

(二)上尾：「上尾詩者，五言詩中第五字不得與第十字同聲，名爲上尾。詩曰：西北有高樓、上與浮雲齊。」「若第五與第十故爲同韻者不拘此限。」

(三)蜂腰：「蜂腰詩者，五言詩一句之中，第二字不得與第五字同聲。言兩頭粗，中央細，似蜂腰也。詩曰青軒明月時，紫殿秋風日。」「又第二字與第四字同聲亦不能善，此雖世無的目而甚於蜂腰。」

(四)鶴膝：「鶴膝詩者，五言詩第五字不得與第十五字同聲，言兩頭細，中央組似鶴膝也。」「詩曰撥棹金陵渚，遵流背城闕。浪威飛船影，山掛重輪月。」「從首至末皆須以次避之，若第三句不得與第五句相犯，第五句不得與第七句相犯。」

(五)大韻：「大韻詩者，五言詩若以新爲韻，上九字更不得安人、津、鄰、身、陳等字，既同其類，名犯大韻。詩曰：「紫翮拂花樹，黃鸝開綠枝。」

(六)小韻：「小韻詩除韻以外，而有迭相犯者，名爲犯小韻病也。詩曰：搴簾出戶望、霜花朝瀁日。」「凡小韻居五字內急、九字內小緩」「疊韻兩字一處於理得通，如飄颻、窈窕、徘徊、周流之等，不是病限。若相隔越卽不得耳。」

(七)傍紐：「傍紐詩者，五言詩一句之中有月字，更不得安魚、元、阮、願等之字，此卽雙聲，雙聲卽犯傍紐，一曰五字中犯最急，十字中犯稍寬，如此之類是其病。詩曰：魚遊見風月、獸走畏傷蹄。」「元氏云傍紐者一韻之內有隔字雙聲也。」

㈧正紐：「正紐者，五言詩壬衽任入四字爲一紐，一句之中以有壬字，更不得安衽任入等字。如此之類，名爲犯正紐之病也。」「如云我本漢家子、來嫁單于庭」「元氏曰正紐者一韻之內有一字四聲分爲兩處是也，如梁簡文帝詩云輕霞落暮錦、流火散秋金。」

二、八病之影響

對於沈約「八病」，抨擊之人甚多，梁鍾嶸「詩品」最爲不滿，謂「平上去入、則余病未能。蜂腰鶴膝，閭里已具。」明王世貞「藝苑巵言」謂其「不免商君之酷」，人或擧沈約之詩，以爲亦不免此病，因此八病不足計較。平心而論，八病於詩史之影響極大，吾人不可掉以輕心，其最著者如左述：

㈠人工聲律之正式建立：前此，詩篇並非不講聲律，所講者爲自然聲律而已。無明顯之規律可言。至此，乃產生明白制定某句某字之平仄用韻之構想，經六朝之逐漸演進，唐人近體詩遂依圖譜作詩。整齊和諧之近體圖譜，當以此爲啓源。

㈡句式之影響：唐人近體詩有明確之句式，觀「蜂腰」一格，知一句中第二字不得與第五字同聲。此卽句式中，何字爲平，何字爲仄之濫觴。

㈢章法之影響：「鶴膝」一格謂第一句末字不得與第三句末字同聲，第三句與第五句，第五句與第七句均不同聲。以「上尾」格第一句末字不與第二句末字同聲推之，第二句末字與第三句末字當必同聲。類推之，第四句與第五句，第六句與第七句亦必同聲。故每句末字平仄卽呈「異、同、異、同‧‧‧

」再揆以「平頭」「上尾」諸病，可知其句與句之平仄，亦呈「異、同、異、同．．．」二字平仄相異卽所謂「對」、相同卽所謂「粘」，近體詩章法卽由句式之粘對組織而成。

㈣變化之美：八病之癥結在於「同」，或同平上去入，或雙聲疊韻。多同則單調，產生不出對比之美，故沈約標出「八病」欲作者去之。去「平頭」則避句首之同，去「上尾」則避句末之同，去「蜂腰」則避句中之同，去「鶴膝」則避句間之同，去「大韻」「小韻」則避疊韻，去「傍紐」「正紐」則避雙聲。觀唐人近體，聲調雷同單調之處甚稀，當必受此影響。

以此視之，八病之說於唐人近體之淵源極深。近體之興，厥功實偉，卽云沈氏爲近體詩始祖亦不爲過。或云：八病之說各家解釋是否卽可據「文鏡秘府論」以爲確論？曰：以任何一家說法釋之，亦可見此數種原則，所異者唯其小節而已。

第五節　聲律之評價

人工聲律興後，當時卽有持反對意見者，鍾嶸「詩品」謂其將「使文多拘忌，傷其眞美」故曰「文製本須諷讀，不可蹇礙。但令清濁通流，口吻調利，斯爲足矣！至平上去入則余病未能。蜂腰鶴膝，閭里已具。」後代亦有，歸其要旨不過「使文多拘忌，傷其眞美」，其理是否平允？

詩與樂本爲一體，三百篇、樂府卽其證也。其後雖有分歧，然詩本身之音樂性爲其重要生命，故聲律之講求必不可缺。

誠然，自然聲律運用巧妙，有「清濁通流，口吻調利」之美。然則：詩人未必即音樂家，則如何調暢聲律，每有難處。文心郎云：「內聽之難，聲與心紛。」產生之作品，誦之必喉脣糺紛，「訛音之作，甚於枘方」。何若制定一合理明顯之標準，令人易於遵守？故人工聲律之興，實乃基於普遍之需要而來。唐詩之後，宋詞、元曲均不肯放棄人工聲律，其實用性殆可見。

然則，嚴格之聲律，是否將戕賊作品之內涵？此當視其合不合理而言。過於嚴苛之聲律自然有此弊害，而合理之約束，非但不致戕賊，且有助於提高作品之內容。蓋於此情形下，約束反成規矩，作家有軌道可尋，更可將心力貫於作品之內涵上，而不必分心於取擇型式（型式往往左右內容，故各體詩文，均獨有其風格）。此所以無論長短、平仄、押韻與否之現代詩，視之毫無拘束，然好作品反而較少之緣故。近體詩之聲律嚴格而不苛刻，觀唐人成千成萬佳作，均合於格律而風神雋爽即可證明，人工聲律於文學界助利甚多而弊害極小，實無庸反對與攻訐。

第六章　流　變

第一節　絶句極盛之因

漢魏六朝之樂府小詩爲唐人絕句之濫觴，前已述及。唯以題材拘於男女情思，雖作手不乏，而風格高者乃寡。故此種詩體，尙未爲人注目。

及乎有唐，格局遂開。唐人以詩稱，而絕句以數量言，多至萬首；以作家言，幾乎人人俱作，又有甚者：唐人以之譜入樂曲，傳唱各處，王士禎云：「自唐開元天寶以來，宮掖所傳、梨園子弟所歌、旗亭所唱、邊將所進、率皆當時名士所爲絕句。由是言之，唐三百年絕句擅場，即唐三百年之樂府也。」故其流傳，實非其他詩體所能比。

絕句所以盛於唐時，實有其多方面之原因在：

一、題材之擴大

漢魏六朝絕句，所及之範圍較小，大率爲男女之情辭。唐人則加以擴大，題材增加，舉凡邊塞、宮閨、別離、感懷、自然、詠物、時令、旅遊、贈答、懷古、樂府古題等，均可入詩。且絕句之本質爲抒情，人人於日常生活中，不免有所感觸，絕句之題材既已涵蓋生活之大部範圍，故作品遂多。

二、體製之精簡

絕句爲四句，乃詩體之最短小者，一般人樂於接受，以其易於記誦及創作也。上焉者愛其以簡馭繁，次焉者卽簡書簡，無勞舖陳，故爲人人喜愛之詩體。且其最講究風神及境界，雖體制小，而有要眇深遠之境界，令人神醉之韻味，其感動人心在不知不覺中，故有一種莫名之潛力在。觀古來流傳於人口者，大率爲絕句，卽此可知此種詩體之高妙。

三、名手之推波助瀾

於文學史上觀之，任何文體，均須經名手提倡，而後得盡其妙，群衆乃沛然嚮之。絕句至王昌齡、李白、王維，名篇迭出，如王昌齡之「秦時明月漢時關」「奉帚平明金殿開」，李白之「朝辭白帝彩雲間」，王維之「渭城朝雨浥輕塵」，當時皆傳唱人口。以此，一般人乃知絕句克臻此妙境，從而習之，此風一成，絕句遂崢嶸峻茂。

四、音樂之傳播

王士禎已言之，唐人之樂府卽爲絕句。詩爲音樂之學，此種文學與音樂共興衰，驗諸三百篇、漢樂府、唐詩、宋詞、元曲，分毫不爽。王維「渭城朝雨」一首，譜爲「陽關三疊」，幾乎爲別離必唱之曲，有井水處皆能歌之。「集異記」載王之渙、王昌齡、高適共詣旗亭，歌女所唱卽爲三人絕句。此事勿論確否，然名家絕句之流傳於人口，爲不爭之事實。傳唱之廣，刺激創作；作品愈精，則傳唱愈廣，交互影響，遂產生絕句之風靡。

絕句風靡於唐三百年，其間興衰之軌跡，風格之趨向自不盡相同，今卽以名家爲骨幹，述之如下。爲方便計，酌採元楊仲宏「唐音」，明高棅「唐詩品彙」之法，分初、盛、中、晚四期以述之。

第二節　初唐絕句

初唐：自高祖武德初至睿宗先天末（西元六一八—七一二）九十餘年。

初唐之詩壇，爲開墾中之園地。陳隋宮體遺跡尙存，故詞旨每多華靡，尤以排律與古詩爲甚。而格律運動於潛滋暗長中，逐漸成熟，律詩遂由此定型。絕句於此時，亦努力開拓其領域，由於其受宮體之感染較少，故捨華靡而取淸雋。且擴大題材，跳出男女情思之小範圍，爲其輸入新生命，打開新格局。聲律方面，亦逐漸講求其和協，令其便於歌唱。此時作家，以王勃爲最，駱賓王、李嶠、杜審言次之。

一、作　家

㈠王勃（西元六四七—六七五）字子安，絳州龍門人，王通之孫，生於貞觀二十一年，卒於高宗上元二年，年二十九。勃六歲解屬文，構思無滯，詞情英邁。年未及冠，對策高第，授朝散郎。沛王賢聞其名，召為王府修撰。值諸王鬥雞，勃戲為檄英王雞文，高宗斥之。勃既廢，客劍南。冬又補虢州參軍，坐罪除名，父亦坐貶為交趾令。勃往省觀，舟入洋海，溺死。「全唐詩」編詩二卷。

子安詩擅長五言，五言絕句皆清雋自然，如：

山中蘭葉徑，城外李桃園。豈知人事靜，不覺鳥聲喧。（春莊）

物外山川近，晴初景靄新。芳郊花柳遍，何處不宜春。（登城春望）

泛泛東流水，飛飛北上塵。歸驂將別櫂，俱是倦遊人。（臨江）

芳屏畫春草，仙杼織朝霞。何如山水路，對面即飛花。（林塘懷友）

江上風煙積，山幽雲霧多。送君南浦外，還望將如何。（別人）

胡震亨曰：「王子安雖不廢藻飾，如璞含珠媚，自然發其彩光。」（唐音癸籤）觀上諸作，自可了然。

絕句於六朝時，大率為男女情思之詞，緣其出於民間情歌，故不免浮艷。子安諸作，不同於樂府小詩者，一為體情更加細膩深刻，二為題材擴大，不限於述男女之情，三為用筆較曲，多見象徵手法（

如以「寂寂離亭掩，江山此夜寒」象徵友朋別離之淒清）。故由子安開始，眞正之唐音已經形成，其身受承先啟後之責甚重，功績至偉。胡應麟曰：「唐初五言絕，子安諸作，已入妙境。」盛唐以後，諸家之高華朗潤，佳作迭出，實肇基於是焉。

㈡駱賓王（約西元六四〇—六八四）婺州義烏人，善屬文，作品多豪俠英俊氣，蓋與其佐徐敬業討武后之革命身分相合，「全唐詩」編詩三卷。其五絕頗有清思，如：

城上風威冷，江中水氣寒。戎衣何日定，歌舞入長安。（在軍城登樓）

此地別燕丹，壯士髮衝冠。昔時人已沒，今日水猶寒。（於易水送別）

稟質非貪熱，焦山豈憚勞。終知不自潤，何處用脂膏。（挑燈杖）

然韻味不如王勃，且僅存數首，實未足名家。

㈢李嶠（西元六四四—七一三）字巨川，趙州贊皇人。二十擢進士，累官給事中，鳳閣舍人，明皇時坐事貶滁州別駕卒。嶠富於才思，初與王勃、楊炯、駱賓王接踵。中與崔融、蘇味道齊名，其汾陰行，玄宗聞之，嘆爲「眞才子」。嶠詩善詠物，凡天文地理，禽魚花草及文具什物，無不詠及，堪爲唐代第一詠物詩人。「全唐詩」編詩五卷。

其絕句如：

盈缺青冥外，東風萬古吹。何人種丹桂，不長出輪枝。（中秋月）

解落三秋葉，能開二月花。過江千尺浪，入竹萬竿斜。（風）

散漫祥雲逐聖回，飄颻瑞雪繞天來。不能落後爭飛絮，故欲迎前賽早梅。（遊苑遇雪應制）

均以詠物見長，故韻味亦薄。然六朝絕句甚少純詠物者，嶠之嘗試，以擴大題材而言，頗値注目。

㈣杜審言（約西元六四八—七〇八）湖北襄陽人，杜預之後，杜甫嫡祖。擢進士第，歷隰城尉、洛陽丞、吉州司戶參軍、因事免官。武后召爲著作郎，遷膳部員外郎。神龍初，坐交通張易之，流峯州。復入爲國子監主簿，修文館直學士卒。審言恃才傲物，雅善五言詩。「全唐詩」編詩一卷，絕句存七言三首：

知君書記本翩翩，爲許從戎赴朔邊。紅粉樓中應計日，燕支山下莫經年。（贈蘇綰書記）

遲日園林悲昔遊，今春花鳥作邊愁。獨憐京國人南竄，不似湘江水北流。（渡湘江）

紅粉青娥映楚雲，桃花馬上石榴裙。羅敷獨向東方去，謾學他家作使君。（戲贈趙使君美人）

情韻雖不若王勃，然清思雋語，每能塑造某種趣味，某種感慨。胡應麟論唐初七絕云「惟杜審言渡湘江，贈蘇綰二首，首結皆作對，而工緻天然，風味可掬。」實已爲唐絕句奠定初基。

二、詩風：擴大題材，表達神韻

綜觀初唐之絕句，其特性乃在擺脫六朝之窠臼，擴大題材，注入精神。尤當着意者，諸家業已努力於神韻之表達，諸詩中不乏搖曳生姿之作，爲唐人絕句塑造新風格。即此，唐人得以異於前代，且令後世亦難以企及，成其戛戛獨造之面目。

初唐詩人甚多，如四傑（王勃、楊炯、盧照隣、駱賓王）四友（李嶠、蘇味道、崔融、杜審言）陳子昂、劉希夷、沈佺期、宋之問諸人，均爲文學史上名家。然絕句之名作不多，除楊、盧、蘇、崔、陳、劉以古詩擅場、沈宋以律詩專美之外，前所列王、駱、李、杜四家，除王勃外，絕句所佔之篇幅實甚少，而所表現之神韻，視之盛唐，多有遜色。凡此俱足以證明，絕句之園地正在開發，精美之墾闢與培殖，有賴後人之力，於是，盛唐接踵而出。

第三節　盛唐絕句

盛唐：自玄宗開元初至肅宗寶應末（西元七一三—七六二）計五十年。

詩至盛唐而極盛，緣由國力發展至最高峯，國土大啟，經濟繁榮。又自周秦以來，文化之發達亦達最高峯。南北學術溝通，儒釋道三教合流，泱泱大風，令唐人精神生活益形壯濶。詩歌得此背景，自易盡情發揮。且人才輩出，創作力復雄健，故詩歌乃達一前所未有之境界。

一、作　家

絕句亦同於其他詩體，有異常之進展，成果輝煌，名家最多，其中以王昌齡、李白、王維、岑參爲最，王之渙、賀知章、崔國輔、孟浩然、賈至次之。

㈠王昌齡（約西元六九八—七六五）字少伯，陝西長安人，一說江寧人。開元十五年登進士第，補秘書郎，調汜水尉。二十二年中宏詞科，遷江寧丞。晚節不護細行，貶龍標尉。時天下大亂，於刀火中歸鄉里，刺史閭丘曉忌而殺之。「全唐詩」編詩四卷。

龍標詩各體周備，而以絕句最佳，七言尤甚。其題材以詠邊塞、閨情、別離，最膾炙人口。

1 邊塞詩

其邊塞詩除「青海長雲暗雪山」（三、一引）（表第三章第一節，下皆仿此）「大漠風塵日色昏」（三、一引）「秦時明月漢時關」（三、一引）外，尚有：

騮馬新跨白玉鞍，戰罷沙場月色寒。城頭鐵鼓聲猶振，匣裏金刀血未乾。（出塞）

烽火城西百尺樓，黃昏獨上海風秋。更吹羌笛關山月，無那金閨萬里愁。（從軍行）

關城榆葉早疏黃，日暮雲沙古戰場。表請回軍掩塵骨，莫教兵士哭龍荒。（從軍行）

一面爲兵士慷慨爲國效命沙場之呼聲，氣魄極爲雄武。另一面却爲士死馬僵之戰場淒涼中，對自身之無依、鄉里之思念，所發出之嘆息。正側兩面之抒寫均能曲盡人情，無一做作語。

2 宮閨詩

其宮閨詩，除「閨中少婦不知愁」（二、二引）「金井梧桐秋葉黃」（三、二引）「眞成薄命久尋思」（二、二引）「奉帚平明金殿開」（三、十引）「西宮夜靜百花香」（二、二引）「芙蓉不及美人妝」（三、二引）外，尚有：

香幃風動花入樓，高調鳴箏緩夜愁。腸斷關山不解說，依依殘月下簾鉤。（青樓怨）

高殿秋砧響夜闌，霜深猶憶御衣寒。銀燈青瑣裁縫歇，還向金城明主看。（長信秋詞）

均體情哀怨，極爲深刻。

3.別離詩

其別離詩，除「醉別江樓橘柚香」（二、二引）「寒雨連江夜入吳」（三、三引）「霜天留飲故情歡」（四、三引）外，尚有：

長亭駐馬未能前，井邑蒼茫含暮煙。醉別何須更惆悵，回頭不語但垂鞭。（留別郭八）

清江月色傍林秋，波上熒熒望一舟。鄂渚輕帆須早發，江邊明月爲君留。（送竇七）

黃河渡頭歸問津，離家幾日茱萸新。漫道閨中飛破鏡，猶看陌上別行人。（送裴圖南）

讀之猶如從吾輩胸臆中流出。

4.諸家論評

(1)題材廣濶，言之有物

歷代於龍標絕句，推許最高。胡震亨曰「王少伯七絕宮詞閨怨，儘多詣極之作。」（唐音癸籤）王夫之曰：「七言絕句，唯王江寧能無疵纇。」（薑齋詩話）可謂推崇備至。其所以如此，乃其於風骨、情感、字句、聲調各方面，俱有過人處。

殷璠曰：「王昌齡詩饒有風骨」（唐音癸籤引）辛文房亦曰：「自元嘉以還，四年之內，曹、劉、陸、謝、風骨頓盡。逮儲光羲，王昌齡頗從厥跡。」其詩勿論述邊將之威猛，寫宮闈之哀怨，道友朋之別離，均能言之有物，精神奕奕，絕無六朝吟風弄月，無病呻吟之萎靡作風。

(2)體情深厚

沈德潛曰：「龍標絕句，深情幽怨，意旨微茫，令人測之無端，玩之無盡。」最為高見。觀其作，勿論一己之情，如「若問吳江別來意，青山明月夢中看。」「憶君遙在瀟湘夜，愁聽清猿夢裏長。」抑或體人之情，如「薰籠玉枕無顏色，臥聽南宮秋漏長。」「忽見陌頭楊柳色，悔教夫婿覓封侯。」均能委曲婉轉以盡其情，極為豐富深刻。而且，其詩寫情忠厚，雖有抑鬱之懷，道之亦甚含蓄。「峴傭說詩」曰：「玉顏不及寒鴉色，猶帶昭陽日影來。怨而不怒，詩人忠厚之旨也」，故胡應麟評之曰：「少伯後厚有餘，優柔不迫，怨而不怒，麗而不淫……國風、離騷後，惟少伯諸絕近之。」

(3)以尋常言語出之

龍標詩之另一特點為以口頭平近言語出之，絲毫不恃典實華詞裝點門面，然韻味絕高，字句極美，意象亦極清新。而詩中聲調自然流暢，如「霜天留飲」「醉別江樓」「秦時明月」「西宮夜靜」等誦之但如行雲流水，行止均恰到好處。故其詩可謂深入淺出，達到絕句中最上等之境界，「詩家天子」之名非虛譽也。

㈠李白（西元七〇一—七六二）字太白，隴西成紀人，涼武昭王暠九世孫。或曰山東人、或曰蜀人。白少有逸才，志氣宏放，飄然有超世之心。天寶初，至長安，往見賀知章，知章見其文，嘆曰：「子謫仙人也」言於明皇，明皇賞愛其才，然以恣情放酒，不爲親近所容。帝賜金放還，乃浪跡江湖，終日沉飲。永王璘都督江陵，辟爲僚佐。璘謀亂，兵敗，白坐長流夜郎，會赦得還。族人李陽冰爲當塗令，白往依之。代宗立，以左拾遺召，而白已卒。文宗時詔以白歌詩、裴旻劍舞、張旭草書爲「三絕」云。集三十卷、「全唐詩」載白詩二十五卷。

太白之心境與性格，極爲複雜，亦極爲矛盾。既愛張良、荊軻等豪俠；亦愛道士神仙。既愛老莊之全性養眞，亦縱情於享樂；沈湎酒色。且生命力之狂熱，亦爲任何詩人所不逮。觀其緣由，乃在太白之天才與情感，均超絕時人，傲視千古，孟棨曰：「李白才逸氣高」、嚴羽謂：「太白天才豪逸」、胡應麟亦曰：「唐人才超一代者，李也」故發而爲詩，自然洶湧澎湃，不同凡近。

1七言豪放

由於太白性倜儻，故所作詩自由放肆，如天馬行空，不可羈勒。王世貞曰：「太白以氣爲主，以自然爲宗，以俊逸高暢爲貴。」即謂此也。七言絕句中最可見其雄放之氣，如前述：「故人西辭黃鶴樓」（二、二引）「朝辭白帝彩雲間」（二、二引）「駿馬驕行踏落花」（二、二引）即是，又如：

李白乘舟將欲行，忽聞岸上踏歌聲。桃花潭水深千尺，不及汪倫送我情。（贈汪倫）

問余何意棲碧山，笑而不答心自閒。桃花流水窅然去，別有天地非人間。（山中問答）

水作青龍盤石堤，桃花夾岸魯門西。若教月下乘舟去，何啻風流到剡溪。（東魯門泛舟）

霜落荊門江樹空，布帆無恙挂秋風。此行不爲鱸魚膾，自愛名山入剡中。（秋下荊門）

此類詩，乃以粗枝大葉之手法與線條，塗寫心目中之意象與情感。觸手生春，毫不費力，此為太白詩之最大特色。

2 五言婉約

一般欣賞其詩，均着重於豪放一面；其實，太白詩中婉約之處，亦自不少，五言絕句即為代表，如前述「衆鳥高飛盡」（三、五引）「美人捲珠簾」（二、二引）「玉階生白露」（二、二引）「天下傷心處」（二、二引），又如：

兩鬢入秋浦，一朝颯已衰。猿聲催白髮，長短盡成絲。（秋浦歌）

淥水淨素月，月明白鷺飛。郎聽採菱女，一道夜歌歸。（秋浦歌）

不向東山久，薔薇幾度花。白雲還自散，明月落誰家。（憶東山）

南國新豐酒，東山小妓歌。對君君不樂，花月奈愁何。（出妓金陵子呈盧六）

此類詩，與前不同者，在於體情細膩，筆法婉約，而塑造一清新可愛之境界。與前述波瀾壯濶者相比，又是一番面貌，正可見太白多方面之才華。然二者難分軒輊，誠如王國維氏所云：「境有大小，不以是分優劣。」而胡應麟曰：「太白五言如靜夜思、玉階怨等，妙絕古今，然齊梁體格。他作視七言絕句覺神韻小減，緣句短逸氣未舒耳。」未免强作解人，未諳太白妙境。

以上不過大略而論，其實七言中亦有婉約者，如「誰家玉笛暗飛聲」（四、三引）五言中亦有豪放者，如「剗却君山好」（三、七引）自不必一概而論。

3.詩風評述

勿論豪放與婉約，其詩均有二種特質：

(1)講興會：太白天才高妙，故每憑興之所至，把握突來之靈感，下筆成章，其中却有至高之境界。劉熙載藝概卽云：「李詩鑿空而道，歸趣難窮。」屈昭隆亦謂：「詩以神行，使人得其意於言之外。若遠若近，若無若有，若雲之於天，若月之於水。心得而會之，思得而言之，斯詩之神者也。而五七言絕尤貴以此道行之，昔之擅長此妙者，在唐有李白一人。」故太白絕句，氣勢、意境、神韻俱備，臻於絕句之上乘。

興會之佳爲自然高妙，李于鱗謂太白詩「以不用意得之」胡應麟曰：「無意於工而無不工」。然其缺則不免淺率，野鴻詩的云：「太白以天資勝，下筆敏速，時有神來之句，而粗劣淺率處亦在此。」細賞太白之作，此評可謂公允。

(2)重風骨：太白嘗云「粱陳以來，艷薄斯極，沈休文又尙以聲律，將復古道，非我而誰？」又曰：「自從建安來，綺麗不足珍，聖代復元古，垂衣貴淸眞。」故摧靡齊粱以來之浮艷與桎梏，自作新聲，一本自然還歸風雅之本來面目。李陽冰稱其「恥作鄭衞語」，陳繹曾亦謂其詩「祖風騷，宗漢魏」，他人之推崇，所見亦同。大抵太白絕句能以平常言語道眞感情，不做作，非無病呻吟者可比。且樂而不淫，麗而有則，故風骨健拔。

論絕句者每以太白龍標並稱，王世貞曰：「七言絕句，王江寧與太白爭勝毫釐，俱是神品・・・李白龍標絕倫逸群」，葉燮「原詩」曰：「七言絕句古今推李白王昌齡」歷代祖李祖王，不一而足。其實二公筆均神妙，化入無間，然各具面目，難分伯仲，善乎葉燮之言：「兩人辭調意俱不同，各有至處。」

㈢王維（西元六九九—七五九）字摩詰，河東人，工書畫，與弟縉俱有俊才。開元九年，及進士第，調太樂丞，爲濟州司倉參軍。歷右拾遺、監察御史、左補闕、庫部郎中，拜吏部郎中。天寶末，爲給事中。安祿山陷兩都，維爲賊所得，服藥陽瘖，拘于菩提寺。祿山宴凝碧池，維潛賦詩悲悼，聞于行在。賊平，陷賊官均定罪，特原之。授太子中允，遷中庶子、中書舍人。復拜給事中，轉尚書右丞。維以詩名盛於開元天寶間，寧薛諸王駙馬豪貴之門，無不拂席迎之。自獲挫折後，思想即生極大轉變，覺悟富貴功名之虛幻，而皈依大自然與佛學之懷抱，以養性全眞。後得宋之問輞川別墅，山水絕勝。與道友裴迪，浮舟往來，彈琴賦詩，嘯詠終日。篤於奉佛，晚年長齋禪誦，以此終老。全唐詩編詩四卷。

1長於五言

右丞絕句，世多推其五言，沈德潛「說詩晬語」云：「五言絕句，右丞之自然，太白之高妙，蘇州之古澹，並入化機」「峴傭說詩」亦云：「輞川諸五絕，清幽絕俗。」見於前述者，如「吹簫臨極浦」（一、二引）「人閒桂花落」（二、二引）「獨坐幽篁裏」（二、二引）「空山不見人」（二、三引）「山中相送罷」（三、三引）「颯颯秋雨中」（三、五）除此外，尚有：

輕舸迎上客，悠悠湖上來。當軒對尊酒，四面芙蓉開。　（臨湖亭）

木末芙蓉花，山中發紅萼。澗戶寂無人，紛紛開且落。（辛夷塢）

山中多法侶，禪誦自為群。城郭遙相望，唯應見白雲。（山中寄諸弟妹）

紅豆生南國，秋來發幾枝。願君多采擷，此物最相思。（相思）

與君青眼客，共有白雲心。不向東山去，日令春草深。（贈韋穆十八）

依遲動車馬，惆悵出松蘿。忍別青山去，其如綠水何。（別輞川別業）

綠艷閒且靜，紅衣淺復深。花心愁欲斷，春色豈知心。（紅牡丹）

以上諸詩，即「震澤長語」所謂「以淳古澹泊之音，寫山林閒適之趣。」然右丞之寫自然，非純為客觀之景物，乃注入自我之生活心境。即以一霎那之自然現象，用以表達人生。觀其作品，每不離「獨」「幽」「深」「靜」「閑」「淡」諸況味，於此即可明顯看出作者心胸之所向，此王國維氏所謂：「以我觀物，物皆着我色彩」（人間詞話）。

2技巧與風格：自然高妙

至其技巧與風格，古今贊誦不絕，殷璠曰：「維詩詞秀調雅，意新理愜，在泉成珠，着壁成繪。」（河嶽英靈集），魏慶之曰：「如秋日芙蓉，倚風自笑。」（詩人玉屑），顧起經曰：「上薄風騷，下括漢魏，博宗群籍，漁獵百氏，尤長於佛理。故其攄藻奇逸，構思冲曠，馳邁前桀，雄視名儁。」

要之，維詩之美妙，於其內質言，則淡泊清雅，卓然高蹈，毫無塵俗之氣。此為藝術家極難能可貴之處，李白、韋應物之五絕，亦克臻此絕境。而右丞精於佛理，時寓禪機，理趣高妙，則當推為獨步，他家罕及。於其作法言之，則詞句優美，聲調和諧，於平淺之字句中表現無限之韻味，斧鑿全無，自然高妙。自然二字爲右丞最成功處，此種工巧實可上比陶淵明。明高棅「唐詩品彙」，推其爲五絕正宗，其故在此。劉熙載「藝概」曰：「王摩詰詩好處在無世俗之病，世俗之病，如恃才騁學、做身分、好攀引皆是。」實能俱體而深刻道出右丞詩所以理趣深、意境高、神韻濃之所在。

3. 七言遜於五言

右丞七絕亦有極精妙者，除「楊柳渡頭行客稀」（二、二引）「渭城朝雨浥輕塵」（二、二引）「獨在異鄉爲異客」（二、二引）外，尚有：

清風明月苦相思，蕩子從戎十載餘。征人去日慇懃囑，歸雁來時數附書。（伊州歌）

送君返葬石樓山，松柏蒼蒼賓馭還。埋骨白雲長已矣，空餘流水向人間。（送殷四葬）

可憐磐石臨泉水，復有垂楊拂酒杯。若道春風不解意，何因吹送落花來。（戲題磐石）

其意境亦高，神韻亦濃，然不能過其五絕，且其素質參差，不若五絕整齊，故歷來推重者在其五絕。

(四)岑參（約西元七一五—七七〇）河南南陽人。少孤貧，篤學，天寶三載登進士第，由率府參軍累官左補闕。論斥權佞，改起居郎，以識度清遠，議論雅正爲杜甫欽敬。尋山爲虢州長史，復入爲太子中允，並殿中侍御史，充關西節度判官。代宗未卽位時總戎陝服，委以書奏之任。由庫部郎出刺嘉州，杜鴻漸鎭西川，表爲從事。以職方郎兼侍御史，領幕職。使罷，流寓不還，遂終於蜀。「全唐詩」編詩四卷。

1.邊塞之作悲壯

辛文房「唐才子傳」曰：「參累佐戎幕，往來鞍馬烽塵間十餘年，極征行離別之情，城障塞堡，無不經行。」以此，嘉州詩中戰爭氣氛極為濃烈。表現之境界，為沙漠、風雪、酷熱、苦寒、戰場。所表現之人物景色，為將軍、戰士、旌旗、烽火、駿馬、羌笛、胡舞，生與死之搏鬥，血與肉之橫飛，充滿雄壯之美與力之旋律。

嘉州擅長者為歌行與絕句，小小篇幅之絕句，亦能表達其雄偉之氣魄，廣濶之境界，如：

日落轅門鼓角鳴，千群面縛出蕃城。洗兵魚海雲迎陣，秣馬龍堆月照營。（獻封大夫破播仙凱歌）

火山五月行人少，看君馬去疾如鳥。都護行營太白西，角聲一動胡天曉。（武威送劉判官赴磧西行軍）

黑姓蕃王貂鼠裘，葡萄宮錦醉纏頭。關西老將能苦戰，七十行兵仍未休。（胡歌）

九月天山風似刀，城南獵馬縮寒毛。將軍縱博場場勝，賭得單于貂鼠袍。（趙將軍歌）

此類詩，壯志熱血，橫溢其中，風雲之氣澎湃，直可上迫曹操、劉琨，詩歌史中不可多見。

2.山水別離之作婉約

雖然，嘉州詩中亦不乏婉約之作：

東去長安萬里餘，故人何惜一行書。玉關西望腸堪斷，況復明朝是歲除。（玉關寄長安李主簿）

手把銅章望海雲，夫人江上泣羅裙。嚴灘一點舟中月，萬里煙波也夢君。（送李明府赴睦州便拜覲太夫人）

匹馬西從天外歸，揚鞭只共鳥爭飛。送君九月交河北，雲裏題詩淚滿衣。（送崔子還京）

風恬日暖蕩春光，戲蝶遊蜂亂入房。數枝門柳低衣桁，一片山花落筆牀。（山房春事）、

數株谿柳色依依，海巷斜陽暮鳥飛。門前雪滿無人跡，應是先生出未歸。（草堂村尋羅生不遇）

野寺荒臺晚，寒天古木悲。空階有鳥跡，猶似造書時。（題三會寺蒼頡造字臺）

3. 詩風評述

前列諸詩，一類詠戰爭，一類詠山水。所詠為戰爭中思家之念，別離之悲。看似兒女情多，然行役中之艱苦實超越一切，隱忍之中，偶而發出歎息，自為人情之常。且細味諸詩，實外柔而內剛，為猛士之浩歎，非閨閣之呻吟也。徐獻忠曰：「岑嘉州以風骨為主」實有所見。所詠山水諸章，秀麗自然，與孟浩然、劉長卿之作，極為接近。唐才子傳評之云：「放情山水，故常懷逸念，奇造幽致，所得往往超拔孤秀，度超常情。」此為嘉州之另一境地，大詩人固不必拘限於一隅也。

嘉州雖豪壯柔婉之詩均見，其代表作則在豪壯一面，與高適風骨頗同，世以高岑並譽。劉熙載謂「高常侍、岑嘉州兩家詩皆可亞匹杜陵，至岑超高實，則趣尚各有近焉。」二人並長於以七言歌行出之，若言絕句則嘉州較常侍體情更深，技巧益高，韻味尤濃。

(五)王之渙（西元六九五—？）并州人，天寶間，與王昌齡、崔國輔聯唱迭和，名動一時。

「全唐詩」錄其詩六首，均爲絕句，五言二首，七言四首。最著者即「黃河遠上白雲間」（三、一引）「白日依山盡」（三、七引）一首亦傳唱人口。他如：

楊柳東風樹，青青夾御河。近來攀折苦，應爲別離多。（送別）

長堤春水綠悠悠，畎入漳河一道流。莫聽聲聲催去櫂，桃溪淺處不勝舟。（宴詞）

細讀其詩，字句之淺白明暢。用筆之委婉達意，含情之要眇，風神之搖曳，實可比美王、李諸人，特其量不如諸人多耳。

㈥賀知章（西元六五九—七四四）字季眞，會稽永興人，少以文詞知名。擢進士，歷官國子四門博士，太平博士、禮部侍郎、集賢院學士、工部侍郎、太子賓客、銀青光祿大夫、秘書監。知章清淡風流，晚尤放誕，自號四明狂客。「全唐詩」編詩一卷。

其絕句如：

主人不相識，偶坐爲林泉。莫謾愁沽酒，囊中自有錢。（題袁氏別業）

離別家鄉歲月多，近來人事半銷磨。唯有門前鏡湖水，春風不改舊時波。（回鄉偶書）

明白曉暢，而頗見韻味。

㈦崔國輔、吳郡人。開元中，應縣令舉，授許昌令，累遷集賢直學士，禮部員外郎，後坐事貶晉陵郡司馬。「全唐詩」編詩一卷。

國輔之長在五言絕句，尤精於樂府古意，且其量多，佔作品中之大部分：

樓頭桃李疏，池上芙蓉落。織綿猶未成，蛩聲入羅幕。（怨詞）
種棘遮蘼蕪，畏人來采殺。比至狂夫還，看看幾花發。（古意）
少年襄陽地，來往襄陽城。城中輕薄子，知妾解秦箏。（襄陽曲）
長信宮中草，年年愁處生。故侵珠履跡，不使玉階行。（長信草）
漢使南還盡，胡中妾獨存。紫臺綿望絕，秋草不堪論。（王昭君）

其詩與六朝之風格可謂若合符節，且其題材亦相似，殷璠曰：「崔國輔詩婉孌清楚，深宜諷味。樂府數章，古人不及。」即指此類詩。然於盛唐之開拓氣氛中，乃獨自描摩六朝，當時之生活感受，反不如古人陳跡，實失「詩言志」之大旨。故雖風韻不乏，終難似王、李之爲第一流詩人也。

(八)孟浩然（西元六八九—七四〇）名浩，以字行，襄陽人。以歲暮歸南山一詩「不才明主棄，多病故人疏」句忤玄宗，遂絕仕途。浩然風流瀟灑，爲李白、杜甫所景慕，皮日休稱「其詩可與李、杜並陳而不愧」，「全唐詩」編詩二卷，什九爲五言。

1.長於五言

絕句亦以五言居多，七言較少：

君登青雲去，予望青山歸。雲山從此別，淚濕薜蘿衣。（送友人之京）
北澗流恒滿，浮舟觸處通。沿洄自有趣，何必五湖中。（北澗泛舟）
移舟泊煙渚，日暮客愁新。野曠天低樹，江清月近人。（宿建德江）

渾成紫檀金屑文，作得琵琶聲入雲。胡地迢迢三萬里，那堪馬上送明君。（涼州詞）

不覺初秋夜漸長，清風習習重淒涼。炎炎暑退茅齋靜，階下叢莎有露光。（初秋）

山頭禪室挂僧衣，窗外無人水鳥飛。黃昏半在山下路，却聽泉聲戀翠微。（過融上人蘭若）

2.詩風評述

浩然絕句之妙，在其清新自然，皮日休所謂「遇思入詠，不鉤奇抉異，齷齪束人口。」徐獻忠亦曰：「襄陽氣象清遠，心悰孤寂。故其出語灑落，洗脫凡近。讀之渾然省淨，眞彩自復內映。」許之均稱公允。

浩然與王右丞同爲自然派二大家，右丞胸中寧靜淡泊，主在以我觀物，物皆着我色彩。詩中所表達之境界，我卽自然，自然卽我，已化而爲一，故格老味遠。浩然一生落魄，時有不平。且其觀物，大都出以客觀形態，詩中溶入性情之成分較薄，故雖氣清，而韻味精神遜於右丞。

(九)賈至（西元七一八—七七二）字幼鄰，河南洛陽人。擢明經第，初爲單父尉，從玄宗幸蜀，拜起居舍人、知制誥，累封信都縣伯，進京兆尹，以右散騎常侍卒。「全唐詩」編詩一卷。

絕句長於七言：

今夕秦天一雁來，梧桐墜葉擣衣催。思君獨步華亭月，舊館秋陰生綠苔。（答嚴大夫）

雪晴雲散北風寒，楚水吳山道路難。今日送君須盡醉，明朝相憶路漫漫。（送李侍郎赴常州）

日長風暖柳青青，北雁歸飛入窅冥。岳陽城上聞吹笛，能使春心滿洞庭。（西亭春望）

今日相逢落葉前，洞庭秋水遠連天。共說金華舊遊處，回看北斗欲潸然。（洞庭送李十二赴零陵）

江路東連千里潮，靑雲北望紫微遙。莫道巴陵湖水闊，長沙南畔更蕭條。（岳陽樓重宴別王八員外貶長沙）

自來重視賈至絕句者不多，實則其詩俊逸，寄興頗深。絕句本當於平淺中見情趣，其詩卽具此種條件。縱不足比美王、李，然視諸崔、孟諸家，則毫無愧色。

二、詩風：神韻境界，登峯造極

絕句至盛唐，經王昌齡、李白、王維諸人之創作與提倡，無論質量均已登峰造極。試觀諸篇什，莫不詞句優美，情感濃郁，境界深遠而神韻盎然，其藝術造詣實已至頂點。後人唯傾倒仰慕，長吟永歎，雖欲學之而莫由。而盛唐之詩家，如杜甫、張旭、包融、張說、蘇頲、李華、儲光羲、王縉、裴迪、高適、王翰諸人，雖不以絕句名家，然集中均有精美之絕句。至帝王將相、市井小民，亦屢見優美之作，寄其意興，寫其天眞。可見此時，承受初唐園地，人人勤於耕耘，風氣所趨，遂成一時絕響。其所成就，光耀古今，誠文壇之絕大盛事也。

第四節　中唐絕句

中唐：自代宗廣德初至敬宗寶歷末（西元七六三—八二六）六十餘年。此時，唐室安史之亂雖平，而回紇、吐蕃入侵。隴右劍南數十州，盡沒爲夷狄之地。加上藩鎭跋扈，宦官專横，元氣大減，故民心士氣，不免消沈。

詩至盛唐，旣已造極。中唐所取途徑不外二者：一爲延續盛唐之成就，二爲求變以創新局面。觀中唐詩，卽知初爲延續，後卽求變，絕句之流變亦然。是時名家，以劉長卿、劉禹錫、李益、韋應物爲最，柳宗元、王建、張繼、顧況、劉方平、錢起、韓翃、盧綸爲次。

一、作　家

㈠劉長卿（西元七一〇—七八〇）字文房，河間人。開元二十一年進士，至德中，爲監察御史。以檢校祠部員外郎爲轉運使判官，知淮南鄂岳轉運留後。鄂岳觀察使吳仲孺誣奏，貶潘州南邑尉。會有爲之辯者，除睦州司馬，終隨州刺史。「全唐詩」編詩五卷。

1五言細淡清冷

文房以詩馳聲於肅宗上元、寶應間，權德輿謂爲「五言長城」，於此可見其五言詩之造詣高深。其五絕，極爲噲炙人口：

日暮蒼山遠，天寒白屋貧。柴門聞犬吠，風雪夜歸人。（逢雪宿芙蓉山主人）

帝子不可見，秋風來暮思。嬋娟湘江月，千載空蛾眉。（湘妃）

片帆何處去，匹馬獨歸遲。惆悵江南北，靑山欲暮時。（瓜洲道中送李端公南渡後歸揚州道中寄）

百丈深澗裏，過時花欲妍。應緣地勢下，遂使春風偏。（入百丈澗見桃花晚開）

朝無寒士達，家在舊山貧。相送天涯裏，憐君更遠人。（送張起崔載華之閩中）

君王不可見，芳草舊宮春。猶帶羅裙色，靑春向楚人。（春草宮懷古）

諸詩，錘鍊精工，不見鑿痕。且字句淸順，無奇語怪字，可謂於平淡中表其工妙，故高仲武、辛文房均謂其「甚能鍊飾」，與李白、王維諸五絕相類。

至其表達法，重於細膩，字句中多片帆、匹馬、幽竹、細草，而又偏於淸冷。字句中亦多貧、偏、獨、暮、寒、所塑造之境界遂爲細淡淸冷。細味其詩，如寒窗幽竹，微帶淒傷色彩，却能令人產生共鳴。「吟譜」曰：「劉長卿最得騷人之興，專主情景」方回曰：「長卿詩細淡而不顯煥」（均見唐音癸籤）可謂言之中的，非泛泛之論。

2.七言詩風細緻

文房七絕，亦頗精緻，如：

猿啼客散暮江頭，人自傷心水自流。同作逐臣君更遠，青山萬里一孤舟。（重送裴郎中貶吉州）

孤舟相訪至天涯，萬轉雲山路更賒。欲掃柴門迎遠客，青苔紅葉滿貧家。（酬李穆見寄）

石澗泉聲久不聞，獨臨長路雪紛紛。如今漸欲生黃髮，願脫頭冠與白頭。（酬靈徹公相招）

一尉何曾及布衣，時平却憶臥柴扉。故園柳色催南客，春水桃花待北歸。（時平後春日思歸）

筆法亦極細緻，造境亦極高遠，可與其五絕並駕，劉熙載「藝概」曰：「劉文房詩以研鍊字句見長，而清澹閑雅，蹈乎大方。」評之爲公允，因以爲殿。

(二)劉禹錫（西元七七二—八四三）字夢得，彭城人。貞元九年擢進士第，登博學宏詞科。從事淮南幕府，入爲監察御史。王叔文用事，引入禁中，與之圖議，言無不從。轉屯田員外郎，判度支鹽鐵案。叔文敗，坐貶連州刺史，道貶朗州司馬，落魄不自聊，吐詞多諷託幽遠。蠻俗好巫，嘗依騷人之旨，倚其聲作竹枝詞十餘篇，武陵谿洞間悉歌之。居十年，詔還，將置之郎署。以作玄都觀看花詩，涉譏忿，執政不悅 出刺播州。裴度以母老爲言，改連州，徙夔和二州。久之，徵入爲主客郎中，又以作重游玄都觀詩，出分司東都。度仍薦爲禮部郎中，集賢直學士。度罷，出刺蘇州，徙汝同二州，遷太子賓客，會昌時加檢校禮部尙書卒，年七十二。「全唐詩」編詩十二卷。

1.以口頭言語、方言俚語入詩

夢得絕句風神俊爽，評價極高，李重華「貞一齋詩說」云：「七絕・・・李白、王昌齡後，當以劉夢得爲最。緣落筆朦朧縹眇，其來無端，其去無際故也。」其最大特色在以口頭言語，甚至方言俚語入詩，竹枝詞、踏歌行、浪淘沙卽其中最著者：

楊柳青青江水平，聞郞江上唱歌聲。東邊日出西邊雨，道是無情還有情。（竹枝詞）

兩岸山花似雪開，家家春酒滿銀杯。昭君坊中多女伴，永安宮外踏青來。（竹枝詞）

南陌東城春早時，相逢何處不依依。桃紅李白皆誇好，須得垂楊相發揮。（楊柳枝）

城外春風吹酒旗，行人揮袂日西時。長安陌上無窮樹，唯有垂楊管別離。（楊柳枝）

九曲黃河萬里沙，浪淘風簸自天涯。如今直上銀河去，同到牽牛織女家。（浪淘沙）

洛水橋邊春日斜，碧流清淺見瓊砂。無端陌上狂風急，驚起鴛鴦出浪花。（浪淘沙）

2 寄意深遠，宏放出於天然

此類詩，誦之清爽明快，或稍嫌「徑露」（劉熙載語）而頗見情趣與韻味。其友白居易苦學之而不能及，此種境界竟爲夢得獨有。「薑齋詩話」曰：「七言絕句，初盛唐卽饒有之，稍以鄭重故損其風神。至劉夢得而後宏放出於天然，於以揚扢性情，馺娑景物無不宛爾成章。」「宏放出於天然」一語，實已爲夢得標出最高評價。

其餘傳唱人口者，除「朱雀橋邊野草花」（二、二引）「山圍故國周遭在」（三、九引）尚有：

臺城六代競豪華，結綺臨春事最奢。萬戶千門成野草，只緣一曲後庭花。（臺城）

二十餘年別帝京，重聞天樂不勝情。舊人唯有何戡在，更與殷勤唱渭城。（與歌者何戡）

新妝宜面下朱樓，深鎖春光一院愁。行到中庭數花朵，蜻蜓飛上玉搔頭。（和樂天春詞）

莫道恩情無重來，人間榮謝遞相摧。當時初入君懷袖，豈念寒爐有死灰。（秋扇詞）

九陌逢君又別離，行雲別鶴本無期。望嵩樓上忽相見，看過花開花落時。（送廖參謀東遊）

亦均以尋常語言道出，然每首必見寄意，不落虛浮，「呂氏童蒙訓」曰：「蘇子由晚年多令人學劉禹錫詩，以爲用意深遠，有曲折處」故「吟譜」論其詩「以意爲主，有氣骨」胡震亨曰：「運用似無甚過人，却都愜人意，語語可歌，眞才情之豪者。」並足以明白夢得絕句之造詣，非比尋常。宜乎白居易推爲「詩豪」，且云：「劉君詩在處，有神物護持。」

㈢李益（約西元七四九—八二七）字君虞，隴西姑臧人。大歷四年登進士第，授鄭縣尉。久不調，鬱鬱不得志，北遊燕趙間。幽州節度劉濟辟爲從事，未幾又佐邠寧幕府。二十三受策秩，從軍十年，運籌決勝，尤其所長。

憲宗召爲秘書少監，集賢殿學士。自負才地，多所凌忽，諫官擧其怨望詩，左遷右庶子。俄復用爲秘書監，遷太子賓客等職。太和初，以禮部尚書致仕卒。「全唐詩」編詩二卷。

1邊塞詩，悲壯宛轉

君虞以久在兵中，故從軍詩特多，自稱：「吾自兵間，故爲文多軍旅之思。或軍中酒酣，塞上兵寢，投劍秉筆，放懷於斯。」故其作多激厲悲壯，唐才子傳曰：「往往鞍馬間爲文，橫槊賦詩，故多抑揚激厲悲離之作，高適、岑參之流也。」

長於七絕，其作除「天山雪後海風寒」（二、二引）「迴樂峰前沙似雪」（三、一引）外，尚有：

微月東南上戍樓，琵琶起舞錦纏頭。更聞橫笛關山遠，白草胡沙西塞秋。（夜宴觀石將軍舞）

統漢峰西降戶營，黃河戰骨擁長城。只今已勒燕然石，北地無人空月明。（統漢峰下）

鴻雁新從北地來，聞聲一半却飛回。金河戍客腸應斷，更在秋風百尺臺。（夜上西城聽梁州曲）

胡風凍合鸊鵜泉，牧馬千群逐暖川。塞外征行無盡日，年年移帳雪中天。（暖川）

此類詩爲其代表作，且最受推崇，胡震亨曰：「李君虞生長西涼，負才尚氣，流落戎旃，坎壈世故。所作從軍詩，悲壯宛轉，樂人譜入聲歌，至今誦之，令人悽斷。」其抒寫戰爭之悲壯，刻畫深沉，能曲道征人之心，視之王昌齡、岑參諸作，絕無遜色。

2言情柔婉細膩

至君虞言情之作，亦極精美：

蜀道山川心易驚，綠窗殘夢曉聞鶯。分明似寫文君恨，萬怨千秋弦上聲。（奉和武相公春曉聞鶯）

露濕晴花春殿香，月明歌吹在昭陽。似將海水添宮漏，共滴長門一夜長。（宮怨）

破瑟悲秋已減弦，湘靈沈怨不知年。感君拂拭遺音在，更奏新聲明月天。（古瑟怨）

南行直入鷓鴣群，萬歲橋邊一送君。聞道望鄉聽不得，梅花暗落嶺頭雲。（揚州送客）

文紋珍簟思悠悠，千里佳期一夕休。從此無心愛良夜，任他明月下西樓。（寫情）

均出之柔婉，體情細膩，視之壯辭，又爲一面。君虞於貞元末與李賀齊名，每作一篇，教坊輒編爲供奉歌辭，當時已享盛名。胡應麟云：「七言絕，開元之下，便當以李益爲第一。」可謂推崇備至矣。

㈣韋應物（西元七三五—？）京兆長安人。少豪放不拘，晚始發憤讀書，歷官洛陽縣丞，京兆府功曹，滁州、江州、蘇州刺史，太僕少卿兼御史中丞，罷官卒。「全唐詩」編詩十卷。

1.長於五言

應物性高潔，長於五言，與劉長卿合稱「五言雙璧」，所作多山水田園之音：

遙知郡齋夜，凍雪封松竹。時有山僧來，懸燈獨自宿。（宿永陽寄璨律師）

專城未四十，暫謫豈蹉跎。風雪吳門夜，惻愴別情多。（送房杭州）

馬卿猶有壁，漁父自無家。想子今何處，扁舟隱荻花。（答李澣）

去馬嘶春草，歸人立夕陽。元知數日別，要使兩情傷。（答王卿送別）

茲樓日登眺，流歲暗蹉跎。坐厭淮南守，秋山紅樹多。（登樓）

故園渺何處，歸思方悠哉。淮南秋夜雨，高齋聞雁來。（聞雁）

2.風格淡雅，類陶淵明

此類絕句最高妙處，乃在字句自然平淡，而表現之境界高雅閑淡，讀之令人神往。其與王右丞，情味雖有別，然意境神韻則絕不在其下。當時人白樂天已讚不絕口：「韋蘇州高雅閑淡，自成一家體。今之秉筆者，誰能及之？」（唐音癸籤引）而朱晦庵直以爲超越王、孟：「蘇州無一字造作，直是自在氣象。近道其高於王維、孟浩然者，以無聲色臭味也。」推崇更高，蘇州心儀陶淵明，其詩亦似之。

㈤柳宗元（西元七七三—八一九）字子厚，山西河東解縣人。貞元九年進士，歷官集賢殿校書郎、藍縣尉、監察御史、禮部員外郎，以黨王叔文，貶邵州刺史，改永州司馬，徙柳州刺史。「全唐詩」編詩四卷。

1 詩有清音

子厚山水文章甚有名望，其詩亦然，絕句每有清音：

海鶴一為別，存亡三十秋。今來數行淚，獨上驛南樓。（長沙驛前南樓感舊）

問春從此去，幾日到秦原。憑寄還鄉夢，殷勤入舊園。（零陵早春）

宦情羈思共悽悽，春半如秋意轉迷。山城過雨百花盡，榕葉滿庭鶯亂啼。（柳州二月榕葉落盡偶題）

前述「千山鳥飛絕」（三、六引）一絕卽可為子厚代表作，誠如「西溪詩話」云：「雄深簡淡，迥拔流俗。」不可多得。

2 諸家毀譽參半

子厚詩，譽之者，如東坡，謂其詩「在陶淵明下，韋蘇州上。退之，豪放奇險則過之，而溫馨清深不及也。」又曰：「李杜之後，詩人繼出，雖有遠韻，而才不逮意。獨韋應物、柳子厚，發纖濃於簡古，寄至味於淡泊，非餘子所及也。」薄之者，如王世貞：「韋左司平淡和雅，為元和之冠。然欲令之配陶凌謝。宋人豈知詩者？柳州則刻削雖工，去之遠矣；近體，尤卑凡不稱。」毀譽之間，竟如此懸殊。

平實言之：子厚詩雖工，然不免刻削，致稍損風神，實有遜於蘇州，劉履卽謂：「子厚之工緻，乃不若蘇州之蕭散自然。」尤以絕句爲然，蘇州之格老味遠，意境淸幽直不若人間所有，子厚實不能及。試細味其詩，以胸中之感受評之，高下自當了然。

㈥王建（約西元七六八—八三〇）字仲初，潁川人。大歷十年進士，歷官渭南尉、秘書丞、侍御史、陝州司馬。曾從軍塞上，又遊於韓愈門牆，與張籍厚善，見識寬濶，故所作範圍甚廣。「全唐詩」編詩六卷。

1.五七言俱備

建絕句甚多，五七言俱備。宮詞百首，傳唱一時，却全爲七絕。今擇錄數首：

子規啼不歇，到曉口應穿。況是不眠夜，聲聲在耳邊。（夜聞子規）

夜久葉露滴，秋蟲入戶飛。臥多骨髓冷，起覆舊綿衣。（秋夜）

雨中梨果病，每樹無數箇。小兒出入看，一半鳥啄破。（園果）

秋夜牀前蠟燭微，銅壺滴盡曉鐘遲。殘光欲滅還吹著，年少宮人未睡時。（長門燭）

紅燈睡裏喚春雲，雲上三更直宿分。金砌雨來行步滑，兩人抬起隱花裙。（宮詞百首之一）

2.以方言俚語寫詼諧之趣

大多以方言俗語寫一種詼諧之情趣，此實六朝樂府小詩之復活，胡震亨曰：「文章窮於用古，矯而用俗，如史漢六朝史之入方言俗語是也。籍、建之用俗亦然。」高棅亦曰：「大曆以還，樂府不作，獨張籍王建二家體製相近，稍復古意。或舊曲新聲，或新題古義，詞旨通暢，悲歡窮泰，慨然有古歌謠之遺。亦唐世流風之變，而不失其正者。」凡此俱足以說明建之獨特風格。

(七)張繼（約西元七六八—八三〇）字懿孫，襄州人。嘗佐鎮戎軍幕府，又爲鹽鐵判官。大曆中，入內侍，仕終檢校祠部郎中。「全唐詩」編詩一卷。

繼最傳唱人口者，卽「月落烏啼霜滿天」（三、七引），其他絕句亦頗有可觀：

耕夫招募逐樓船，春草青青萬頃田。試上吳門窺郡郭，清明幾處有新煙。（閶門卽事）

綵樓歌館正融融，一騎星飛錦帳空。老盡名花春不管，年年啼鳥怨東風。（金谷園）

雲淡山橫日欲斜，郵亭下馬對殘花。自從身逐征西府，每到開時不在家。（郵亭）

唐才子傳評其詩「詩情爽激，多金玉音」實甚中肯。其絕句之特點卽在精神煥發，詞順聲暢，讀之有明快感。

(八)顧況（約西元七二五—八一五）字逋翁，鹽城人。至德進士，歷官著作郎，饒州司戶參軍，後結廬茅山，以壽終。其詩多縹眇之思，喜詠道釋仙佛，又愛用新樂府，以表現社會時事。「全唐詩」編詩四卷。

其絕句除「玉樓天半起笙歌」（一、一引）外，尚有：

百舌春來啞，愁人共待晴。不關秋水事，飲恨亦無聲。（春雨不聞百舌）

高樓成長望，江流雁叫哀。淒涼故吳事，麋鹿走荒臺。（登樓）

故園黃葉滿青苔，夢後城頭曉角哀。此夜斷腸人不見，起行殘月影徘徊。（聽角思歸）

青草湖邊日色低，黃茅嶂裏鷓鴣啼。丈夫飄蕩今如此，一曲長歌楚水西。（湖中）

好鳥共鳴臨水樹，幽人獨欠買山錢。若爲種得千竿竹，引取君家一眼泉。（送李山人還玉溪）

類皆清婉有致，能得絕句之神髓。其五絕好押仄韻，以歌詠花鳥泉石，而能得其精神，爲一特色。

(九)劉方平（西元七一〇—？）河南人，與元結、皇甫冉善，不仕。「全唐詩」編詩一卷。工七絕，除「紗窗日落漸黃昏」（三、二引）極馳名外，尚有：

更深月色半人家，北斗闌干南斗斜。今夜偏知春氣暖，蟲聲新透綠窗紗。（夜月）

朝日殘鶯伴妾啼，開簾只見草萋萋。庭前時有東風入，楊柳千條盡向西。（代春怨）

雖吉光片羽，然風神搖曳，感人性情，誠如辛文房云：「多悠遠之思，陶寫性靈，默會風雅，故能脫略世故，超然物外。」

(十)錢起（約西元七二二—七八〇）字仲文，吳興人。天寶十年進士及第，授秘書省校書郎，官至尚書考功郎中。詩爲大歷十才子之首（除錢起外，有盧綸、吉中孚、韓翃、司空曙、苗發、崔峒、耿湋、夏侯審、李端。見新唐書文苑傳）「全唐詩」編詩四卷。

野竹通溪冷，秋泉入戶鳴。往來人不到，芳草上階生。（宿洞口館）

藥徑深紅蘚，山窗滿翠微。羨君花下醉，蝴蝶夢中飛。（題崔逸人山亭）

瀟湘何事等閒回，水碧沙明兩岸苔。二十五弦彈夜月，不勝清怨却飛來。（歸雁）

斗酒忘言良夜深，紅萱露滴鵲驚林。欲知別後思今夕，漢水東流是寸心。（秋夜送趙冽歸襄陽）

故城門外春日斜，故城門裏無人家。市朝欲認不知處，漠漠野田空草花。（過故洛城）

其詩寫山水處，極爲清幽，接近王孟一派。劉熙載謂其「衍王孟之緒」（藝概）確爲知言。高仲武雅愛起詩，謂其「詩格新奇，理至清澹。」又曰：「芟齊宋之浮游，削梁陳之靡曼，迥然獨立。」

（十）韓翃（西元七三六—七九〇）字君平，南陽人。登天寶十三年進士。德宗愛其詩，除駕部郎中、知制誥，終中書舍人。爲詩興緻繁富，朝野珍之。「全唐詩」編詩三卷。

其七絕除「春城無處不飛花」（三、六引）外，尚有：

南過猿聲一逐臣，回看秋草淚霑巾。寒天暮雪空山裏，幾處蠻家是主人。（送客貶五溪）

白雲斜日影深松，玉宇瑤壇知幾重。把酒題詩人散後，華陽洞裏有疏鐘。（題玉眞觀李秘書院）

浮雲不共此山齊，山靄蒼蒼望轉迷。曉月暫飛高樹裏，秋河隔在數峰西。（宿石邑山中）

辛文房評其詩如「芙蓉山水」，清淡則其長，然韻味稍薄此爲其短。

（十一）盧綸（西元七四八—八〇〇）字允言，河中蒲人。歷官監察御史，昭應令，檢校戶部郎中。「全唐詩」編詩五卷。

其絕句除「月黑雁飛高」（三、一引）「野幕敞瓊筵」（三、一引）外，尚有：

山關愁暮一沾裳，滿野蓬生古戰場。孤村樹色昏殘雨，遠寺鐘聲帶夕陽。（與從弟瑾同下第後出關言別）

行多無力住無糧，萬里還鄉未到鄉。蓬鬢哀吟古城下，不堪秋氣入金瘡。（逢病軍人）
桃李風多日欲陰，百勞飛處落花深。貧居靜久難逢信，知隔春山不可尋。（春日憶司空文明）
夕照臨窗起暗塵，青松繞殿不知春。君看白髮誦經者，半是宮中歌舞人。（過玉貞公主影殿）
胡震亨評其詩曰：「盧詩開朗，不作舉止，陡發驚彩，煥爾觸目。」

二、詩風：詩格初變，句工意巧

綜觀中唐詩，實爲盛唐入晚唐之轉捩點，嚴滄浪卽謂「大歷以前分明是一副言語，晚唐分明是一副言語，大歷之詩，高者尙未失盛唐，下者漸入晚唐。」「四庫提要」論之甚詳：「大歷以還，詩格初變：句漸工，意漸巧，詞漸秀。開寶渾厚之氣，漸遠漸漓，風調相高，稍趨浮響。升降之關，十才子實爲之職志。」

自大歷十才子反對開元天寶浪漫派之空虛放誕，注重寫實之後，卽漸入晚唐詩格。王士貞曾論轉變之緣由曰：「盛唐詩格極高，調極美。但不能多，不足以酬物而盡變，所以又有中晚唐詩。」

第五節　晚唐絕句

晚唐：自文帝太和迄昭宣帝天祐四年亡國（西元八二七—九〇八）計八十餘年。

唐朝國勢至此已百孔千瘡，內則宦官專權，天子之立廢操於其手。加以牛李黨爭，故朝政日益敗壞。外則藩鎮割據，流寇蜂起，民生塗炭，唐祚卽因此而絕。

一、作　家

此爲一黑暗紛擾之時代，一切學術文化已呈衰落現象。詩壇主潮，已迥異於盛唐，而返乎六朝唯美主義。是時絕句，以李商隱、杜牧爲最，張祜、許渾次之。

㈠李商隱（西元八一二——八五三）字義山，懷州河內人。少受知於令孤楚，楚授以文法，遇之甚厚。開成二年，進士及第，調宏農尉。王茂元鎭河陽，愛其才，表掌書記，以子妻之，得爲侍御史。茂元死，來遊京師，久不調。更依桂管觀察使鄭亞府爲判官，亞謫循州，商隱從之，凡三年乃歸。茂元與亞皆李德裕所善，而令狐家乃牛僧孺黨，故楚子綯惡其忘家恩，綯入相十年，商隱數干之，而綯不汲引。柳仲郢節度劍南東川，辟判官，檢校工部員外郎，府罷，客滎陽卒。「全唐詩」編詩三卷。

1困頓一生，詩多沈鬱

義山困頓一生，故詩多哀怨。尤以失意於令狐綯，屢陳心意而不得其諒解，委曲之情，一發於詩，更覺哀婉感人。繆鉞曰：「李義山蓋靈心善感，一往情深，而不能自遣者。」明其爲人，而後可以深賞其詩。又其於晚唐多故之秋，對國事多所感慨；且靈心善感，於周遭之大自然，復觀察精細，感覺銳敏。故其詩所述，終不離此數端。

義山絕句即充分表現此種生活與心境：

從來繫日乏長繩，水去雲回恨不勝。欲就麻姑買滄海，一杯春露冷如冰。（謁山）

不辭鶗鴂妒年芳，但惜流塵暗燭房。昨夜西池涼露滿，桂花吹斷月中香。（昨夜）

此夜西亭月正圓，疏簾相伴宿風煙。梧桐莫更翻清露，孤鶴從來不得眠。（西亭）

來時西館阻佳期，去後漳河隔夢思。知有宓妃無限意，春松秋菊可同時。（代魏宮私贈）

君問歸期未有期，巴山夜雨漲秋池。何當共剪西窗燭，却話巴山夜雨時。（夜雨寄北）

想像咸池日欲光，五更鐘後更迴腸。三年苦霧巴江水，不爲離人照屋粱。（初起）

此類詩，所指爲何？各家各有解釋，如朱鶴齡「李義山詩注」，馮浩「玉谿生詩箋注」，張孟劬「玉谿生詩年譜會箋」等書，或有不同，然可以彷彿得之；而此實非欣賞義山詩之重點。

2.善用象徵

賞義山詩，當賞其藝術成就，其詩頗學屈原，善以美人芳草寫胸中之所思。此爲象徵手法，而不明者即據此詬詈之，「野鴻詩的」曰：「義山專求有娀皇英之喻而推廣之，倡爲妖淫靡曼之詞……如義山者，謂之爲三百篇之罪人可也！」即有所誤會。觀諸家注釋，參校離騷筆意便知，無容費詞。義山詩中多用深僻之典故，以寄託事物，不明者則病其晦澀，曉之而後可以知其寄託之妙，屬辭之巧，葉燮即深賞之云：「李商隱七絕，寄托深而措辭婉，實可百代無其匹也。」（原詩）沈德潛亦曰：「義山近禮，襞積重重，長於諷諭，中多借題攄抱，遭時之變，不得不隱也。」

3.鍊意精妙

義山絕句之別於他家，除賡用象徵法外，卽其鍊意之妙。試觀其作，不過用一些尋常字句，然一經其手，則頓呈異彩。孤鶴則夢翻清露，鵾鳩而解妒年芳，讀之實不能不傾心其運思之美妙。唐人絕句大都以情景鋪寫，義山則溶之以奇意，而依舊富於神韻，此爲其過人者。楊用修曰：「世人但稱義山巧麗，俗學祇見其皮膚耳。高情遠意，皆不識也。」所見誠屬深刻。

4.意境雙美，情景交融

漁叔師綜論義山絕句，曾有精闢之言：「玉谿絕句，極爲精鍊，其最堪耐人尋味者，即能意境雙美，情景交融。其詩不僅能卽物以抒情，尤能緣情而造境。至其深情幽緒，託物傳心，屬句之奇，鍊辭之新，寓意之妙，一時無可爲敵。」義山之藝術成就，如此其卓，歷代文人學士每醉心於其作，繆鉞至推許爲「第一流之詩人」，實當之無愧。

㈡杜牧（西元八〇三—八五二）字牧之，京兆萬年人。太和二年擢進士第，復擧賢良方正，沈傳師表爲江西團練府巡官，又爲牛僧孺淮南節度府掌書記。拜侍御史，累遷左補闕，歷黃、池、睦三州刺史。以考功郎中、知制誥，遷中書舍人，卒，「唐才子傳」云：「牧剛直有奇節，不爲齪齪小謹，敢論列大事，指陳利病。尤切兵法戎機。」以困躓不振，或因此縱情酒色平生風流逸事甚多。「全唐詩」編詩八卷。

1.其詩主才

後人評牧之詩，每推重其才，才高故構思下筆自不同凡近，「吟譜」曰：「杜牧主才，氣俊思活。

」陳振孫「書錄解題」亦曰：「杜紫薇才高，俊邁不羈，其詩有氣概，非晚唐人所能及。」表現最明顯處，卽在其七絕，前徵引已多，如「烟籠寒水月籠紗」（二、二引）「折戟沉沙鐵未銷」（三、九引）「銀燭秋光冷畫屏」（三、六引）「多情却似總無情」（三、三引）「落魄江湖載酒行」（三、四引）「宮監引出暫開門」（三、五引）「繁華事散逐香塵」（三、九引），此外尚有：

青山隱隱水迢迢，秋盡江南草未凋。二十四橋明月夜，玉人何處教吹簫。（寄揚州韓綽判官）

血染斑斑成錦紋，昔年遺恨至今存。分明知是湘妃泣，何忍將身臥淚痕。（斑竹筒簟）

小樓纔受一牀橫，終日看山酒滿傾。可惜和風夜來雨，醉中虛度打窗聲。（宣州開元寺南樓）

蘆花深澤靜垂綸，月夕煙朝幾十春。自說孤舟寒水畔，不曾逢著獨醒人。（贈漁父）

遠上寒山石徑斜，白雲深處有人家。停車坐愛楓林晚，霜葉紅於二月花。（山行）

2.善描情景，詩藻穠麗

細味諸詩，牧之均能把握情景中最重要之處，加以發揮，以代表全體之精神，此爲其才情過人處。緣其才高，故其篇章「雄姿英發」（劉熙載語）氣俊思活，精神極充沛。而於晚唐唯美主義籠罩下，其作品亦充滿此種色彩，故其詞藻甚穠麗，音節甚響亮，徐獻忠評曰：「抑揚頓挫之節，尤其所長」「唐才子傳」曰：「後人評牧詩，如銅丸走坂，駿馬注坡，謂圓快奮急也。」

3.喜議論，開宋詩之端

牧之喜議論，尤愛論史，往往出人意表，或竟爲翻案，如題商山四皓廟云：「南軍不袒左邊袖，四老安劉是滅劉」題烏江亭云：「江東子弟多才俊，捲土重來未可知」赤壁云：「東風不與周郎便，銅雀春深鎖二喬」以唐人言之，誠為少見。然視宋人之動輒翻案，又僅為小巫而已。要之，牧之實大啓宋詩議論之端，於此可見唐詩蛻變之迹。

㈢許渾（西元七九一—八五四）字仲晦，江蘇丹陽人。太和六年進士，為當塗、太平二縣令，以病免。起潤州司馬，大中三年為監察御史，歷虞部員外郎、睦郢二州刺史。「全唐詩」編詩十一卷。

1多七言詩

渾絕句以七言居多，五言偏少：

前山風雨涼，歇馬坐垂楊。何處芙蓉落，南渠秋水香。（雨後思湖上居）

赤城雲雪深，山客負歸心。昨夜西齋宿，月明琪樹陰。（思天台）

蓮渚愁紅蕩碧波，吳娃齊唱採蓮歌。橫塘一別已千里，蘆葦蕭蕭風雨多。（夜泊永樂有懷）

勞歌一曲解行舟，紅葉青山水急流。日暮酒醒人已遠，滿天風雨下西樓。（謝亭送別）

遙見江陰夜漁客，因思京口釣魚時。一潭明月萬株柳，自去自來人不知。（守風淮陰）

朱檻煙霜夜久勞，美人南國舊同袍。山長水遠無消息，瑤瑟一彈秋月高。（寄友人）

2雕縟而不失高格

其詩詞藻異常華美，已深染晚唐唯美風氣。然其深暢達，聲調響亮和諧，兼且風神雋爽，餘味無窮。故雖雕縟而不失高格，實足與杜牧之比美。劉後村嘗評之曰：「杜牧許渾同時，然各為體。牧於律中常寓少拗峭，以矯時弊。渾詩圓穩律切，麗密或過杜牧，而抑揚頓挫不及也。」孫光憲曰：「世謂許渾詩不如不做，言其無才藻，鄙其無教化也。」此實指其律體而言，賀方回評其律「工有餘而味不足」「無自然眞味」（唐音癸籤引）然絕句則工而有自然眞味，不可一概而論。

㈣張祜（約西元七九二—八五二）字承吉，南陽人。令狐楚薦於朝，元稹毀其爲「雕蟲小技」，故不爲朝用。然詩名甚重，「唐才子傳」曰：「祜能以處士自終其身，聲華不借鍾鼎，而高視當代。」「全唐詩」編詩二卷。

祜絕句甚多，五七言均善：

楊柳千尋色，桃花一苑芳。風吹入簾裏，唯有惹衣香。（胡渭州）

輕車何草草，獨唱後庭花。玉座誰爲主，徒悲張麗華。（玉樹後庭花）

河洛多塵事，江山半舊游。春風故人夜，又醉白蘋洲。（江南逢故人）

寒耿稀星照碧霄，月樓吹角夜江遙。五更人起煙霜靜，一曲殘聲遍落潮。（瓜洲聞曉角）

龍虎旌旗雨露飄，玉樓歌斷碧山遙。玄宗上馬太眞去，紅樹滿園香自銷。（連昌宮）

濃豔初開小藥欄，人人惆悵出長安。風流却是錢塘寺，不踏紅塵見牡丹。（杭州開元寺牡丹）

觀祜諸作，類皆詞藻華美，雕琢盡緻。而其題亦多宮詞、美人、名花、豔情、實與六朝宮體詩代表之唯美主義，若合符節。外形華美，而內涵實甚貧乏，此晚唐之風也。

二、詩風：詞藻華美，漸趨主意

觀晚唐絕句可覺其異於盛唐者有二，一爲詞藻華美，二爲由主情漸趨主意。此皆承中唐之變而來。盛唐絕句重以整體表達神韻，故字句之工與不工，尙非首要。晚唐受唯美之風影響，極注重字句之雕琢，故華美之章隨處可見，表達之藝術甚高，「藝圃擷餘」謂晚唐「七言絕句膾炙人口，其妙至欲勝盛唐。」即指此而言。然過於雕琢則傷內涵，過於靡麗則害渾厚，晚唐大家李商隱、杜牧而外，均不免此病。「詩史」稱「晚唐人詩多小巧，無風騷意味」，「藝圃擷餘」評曰：「絕句之源，出於樂府，貴有風人之致。其聲可歌，其趣在有意無意之間，使人莫可捉著……晚唐快心露骨，便非本色。」可謂切中晚唐之病。

盛唐絕句主情，前已述之。大歷之後，議論漸出，至晚唐，李商隱、杜牧詩即多議論，其餘諸家亦翕然從之。此已可見，其趨勢已由主情轉變爲主意，開絕句之另一法門。王世貞曰：「七言絕句，盛唐主氣，氣完而意不盡工。中晚唐主意、意工而氣不甚完。然各有至者。」「主氣」之說，雖未精到；「主意」之說，則甚爲確切。

第六節　四唐綜論

唐人絕句由初唐、盛唐而中唐、晚唐，並非一成不變，於內質及技巧上，均可見其遞變之跡：

一、內質

初唐把握六朝絕句言情之特質，然不滿六朝專道男女情思之狹小範圍。加大題材，擴充詩境，令其內質豐富，用途廣闊，產生新生命與新精神，爲未來奠下深厚基礎。逮夫盛唐，名家輩出，流風所趨，遂開空前之境界，絕句之成就達到最高峯。中晚唐則不僅言情，而逐漸轉於寫意。其時，言情之作，趨於豔情，詩境返狹。然寫意則另開一途，爲初盛唐所寡有。

初盛唐絕句，所欲表現者爲優美之韻味，渾雅之境界，詩多坦蕩如「芍藥海棠、穠華繁采」。至中晚唐，因此種風味已爲前人道過，甚難後來居上，故每搜尋較幽僻之境界以取勝，逐漸「如寒梅秋菊、幽韻冷香」（均爲繆鉞語）

二、技巧

初唐絕句每多樸實，盛唐則樸實華麗隨興所至，所謂「不用意得之」。至大歷才子不滿盛唐之空疏，重於寫實。此風一成，雕縟卽所不免。及夫晚唐，大露筋骨，求爲初唐之樸實，盛唐之自然，不可得矣。

以唐人言之，自以盛唐爲正宗，以口頭言語而有弦外音、味外味，趣在有意無意之間，實爲絕句之最高境界。胡應麟謂「盛唐絕句，興象玲瓏，句意深婉，無工可見，無跡可尋。中唐遽減風神，晚唐大露筋骨」中晚唐之變，實有悖於斯旨。

然，以盛唐成就，後人實難企及。死守其法，適足成其奴僕而已。故中晚唐，另闢一途，追求新生命。此猶初唐之不踵六朝蹊徑，窮而求變，方得新生，亦必然之勢也。

晚唐主雕琢，宋人亦主雕琢。晚唐漸趨主意，宋人光大之，竟以主意為宗。晚唐詩境漸入幽僻，宋人亦於此用力。於此可知：晚唐詩實為宋詩之前鋒，胡應麟亦謂其「途軌紛出、漸入宋元。」遞變之脈絡甚為顯明。